葬《そう》斂《れん》屋《や》春秋

ある〝おくりびと〟の記録

辻井康祐

新日本出版社

まえがき

「春風を入れてあげよう窓開けて霊安室の若き遺体に」

「ぬばたまのクロネコ便にゆだねたり独居死遺骨陶器と書きて」

これは啄木コンクールに入選した私の短歌である。

葬祭業という、人の悲しみの場にかかわる仕事に没入した私の「半生」。愛しい人を見送るつらい心情に身を寄せてお世話をする。大物政治家や企業家から、独居死、ホームレス、破落戸《ならずもの》と呼ばれた人たち、一人の人間が一体と称《よ》ばれる。しかし、どんな人にも生きとし生きた過去がある。最後の旅立ちを心こめて見送りたい、そんな思いを重ねて生かされた日々、それを文章にしてみようと思い立った。その背中を押して下さったのが大阪民主新報社であった。

私は、一九三四年（昭和九年）一月四日、大阪市生まれ。現在八十三歳。

小学校五年生の時、戦火に追われて三重県津市近郊へ疎開する。小学校卒業後、津市にある旧制三重県立津中学校へ入学したが、二年生の時、学制改革で、居住地（疎開先）の新制中学校へ転校、卒業後、新制高校となったかつての母校、県立津高校へ進学した。しかし、アルバイトで働いた土木作業にのめりこみ、高校三年生の夏に中退してしまう。

その後縁あって、知人の紹介で大阪の微生物研究機関に職員として勤務。大学進学を目指すも生来の悪癖か、細菌検索にのめりこみ、肺結核を発症し、やむなく退職して三年間療養に費やす。

その後、大阪の中堅土木会社に就職し、時あたかも高度成長時代、大阪万博の建設工事にたずさわり、以後二十数年土木建設工事に従事するも、五十歳の二月、極寒の日に、胸部大動脈解離という致命的な病を得、大学病院で一時は死を宣告される。

奇跡的に死を免《まぬか》れ三年間の療養でほぼ平常にもどった。大学病院の著名な教授も、神仏のなせる業と驚かれた。

それからである。或る人の紹介を受け、ついた仕事が葬祭業。年齢はすでに五十三歳であった。そこから始まる第二の人生、三途の川を殆ど渡り切ったこの体、舞い戻ったこの世で出会った大切な自分のなりわい。老少不定で今生をあとに旅立つ人を見送る仕事、これこそが、これこそが、己に与えられた人生のお役とまたまたのめりこみ、時には病に侵されながらも、二十五年、七十八歳になるまで、この仕事を続けた。老若男女、夭折の人、天寿を全うされた人、すべての人生に敬愛をもってお見送りをする。ああ、結局これが己の天職であったと今、述懐している。

今生《こんじょう》を旅立つ人、それを見送った数々の思い出、それらを己の生きた証として残せたのも、連載を許して下さった新聞社のお陰である。

このたび出版出来たことは、神仏の後押し、多くの旅人の祈りのお陰である。これをもって、己の生きた証として、何よりも大切な私の遺書としたい。

最後に、こんな拙《つたない》文を敢えて出版していただいた新日本出版社に心から感謝する次第である。

二〇一七年四月二〇日

辻井康祐

目　次／葬斂屋春秋——ある送り人の記録

秋

冬

絵・辻井康祐

春

一、いってらっしゃい

節分、立春も過ぎて、梅の蕾が膨らみ始めた頃、お釈迦さまが入滅された涅槃会《ねはんえ》がやって来る。その涅槃会の二日前、ひとつの命が今生《こんじょう》を後にした。

満十一年と三カ月の人生、再生不良性貧血すなわち白血病に取りつかれたその少女は、病気のせいか白磁のような美しい頬に、目鼻立ちの整った可愛い娘、名前を「美加」と言った。

一年七カ月の長い入院生活に終止符を打ち、静かに永い眠りについた。

急いで駆け付けたパパは僅かの差で臨終に間に合わなかったが、最期を看取ったママに美加ちゃんはこう言った。

「ママ、いってきます」。そして間もなく息絶えた。

「ママいってきます」。それはまさにダイイングメッセージであった。

美加ちゃんの顔は生前にも増して美しく、メルヘンチックな柩に納められた。年齢より少し小さめな体、その顔の横に美加ちゃんが幼い頃から手放さなかった少し手垢のついたキティちゃんのぬいぐるみが添えられ、反対側には庭で蕾をつけ始めた梅の小枝が入れられた。

「美加、パパもママもいつかきっと美加のところへ行くよ。待っててね」

一瞬、美加ちゃんの顔がほころんだように見えた。

翌々日、あたかもお釈迦さまのご命日に合わせるかのように葬儀が営まれた。

式場の集会所には、学校の先生に引率されてお友達がたくさん見送りに来てくれた。

涙まじりの焼香の後、パパが挨拶に立った。

「美加は今、皆さんの温かいお見送りをいただいて、次の世で新しいいのちに生まれ変わります。私はそのことを信じています」

やがて出棺の時間が来て、美加ちゃんの柩は霊柩車に乗せられた。

その時であった。

ママが驚くほどの大きな声で叫んだ。

「美加！　いってらっしゃい!!」

やがて霊柩車は静かに発進し、ホーンが悲しく後を引いた。

故人の人生に寄り添うような温かい葬儀をと、心がけてきた長年の葬儀社勤めの体験を、少しずつ、つづっていこうと思っています。

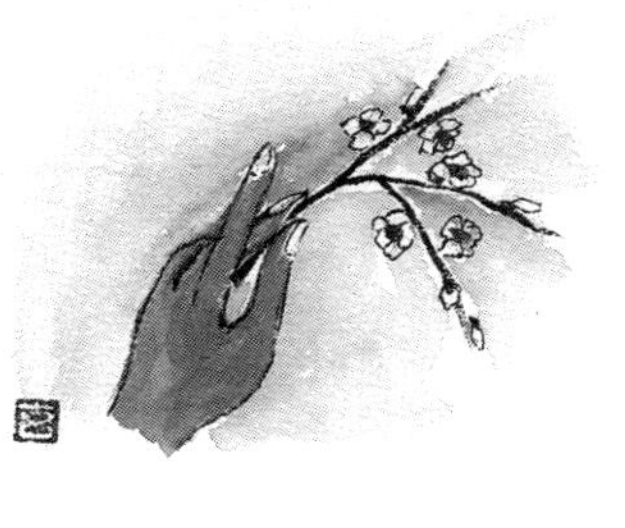

二、また会えるように

「ほとけさん（遺体）引き取り頼んます」

警察署からの要請に、とりあえず納体袋と柩を積んで寝台車を走らせた。遺体を覆ってあるシートをまくると若い女性。頭部から滲みだした血がシートを濡らしているものの、顔面に損傷はなく、二十代であろうか、白蝋のような肌を持つきれいな女性であった。

「遺族の方はもうすぐ来られるから」という係官の言葉通り、父親、母親、弟とみられる三人が到着した。遺体にすがりつく母と弟。それを見下ろしながら父親の悲痛な一言。「あほんだら！」

「葬儀屋さん、誰にも知らせず、内緒で火葬することは出来ませんか、頼んます」

「お父ちゃん！」。わっと泣きだす母親に父親は言った。

「俺が今、大事な立場にあることは分かっとるやろ。こんなことが知れたら会社はどうなる。たちまち噂に取り囲まれて、業界に俺の立場がなくなるんやで！」

一瞬、しーんとした時が流れ、私はこう言った。

「お父さんのお立場はよく分かります。私どもはいかなる要請にもお応えします。でもどうですか。

今夜一晩、私どもの霊安室で一緒にお過ごしになりませんか？」

遺体を乗せた寝台車の後を父親の運転する高級車がつづいた。到着して、すぐに霊安室に安置し、枕飾りをし、お線香をつけた。

「私はこれでおいとまします。このお線香はご自由にお使い下さい。どうか一晩、お嬢さまの思い出に浸って過ごして下さい」

気がかりのまま翌朝早く来てみると、そこには燭の灯りとお香の香りの中、三人が椅子に掛けて遺体に向かっている姿があり、息をのんだ。

「おはようございます」とあいさつした私に、父親はいきなり「おおきに！　おおきに！」と言って手を握ってきた。

「葬儀屋さん、私たちによくこの時間をくれました。一晩、家内と息子と話し合いました。息子が『お父さん、いつかきっと僕たちもあの世へ行くんだよね。そしてお姉ちゃんに会ったら、抱き合って喜ぶことができるやろか？』と。私は、はっと目が覚めました。目に入れても痛くない娘でした。それが高じて娘を窮地に追いやった。そのことがわかりました。一晩私たちに時間をくれたあなたは、仏さんのお使いや！」

翌々日、誰はばかることなく、立派な葬儀が営まれた。大邸宅の式場にしつらえた花祭壇。多勢《おおぜい》の見送り人に送られて、娘さんは次の世へと旅立った。

三、尊いお布施

寺町に梅の香りが漂う頃、佐知ばあちゃん（仮名）が逝った。

孤独死であった。

ショートステイのバスが迎えに来て、発見された。検死の結果、クモ膜下出血による突然死であることが判明した。

かつての阪神淡路大震災で全ての身寄りを失い、たった一人になって、この街の小さなアパートへ引っ越して来た。

以来十九年。佐知ばあちゃんは、すっかりこの街に溶け込み、町会の行事にも進んで参加、持ち前の明るさと関西人特有のお節介も加わり、地域になくてはならない存在であった。

生活保護を受けながらも、地域の活動費や募金にも生活費を割って貢献した。

そんな佐知ばあちゃんの突然の死に、町会長や近隣の人たちが寄り集まって相談し、葬儀は市の福祉課に報告し、市の福祉仕様の、茶毘《だび》に付すだけの見送りとした。ただ、せめてお坊さんによる読経

だけはしてあげたいとの意見がまとまって、寺町随一の由緒ある古刹《こさつ》の住職にお願いしてみた。「いいですよ」と快く引き受けてくれた住職。ところがお布施の出所がない。仕方なく、近隣の人たちが少しずつ出し合った。しかし、その額は普通の葬儀を司るお寺にとっては半額にも満たない額だった。

式の前に、近隣を代表して、同じアパートに住む老人が「はずかしいんやけど……」と言って、おずおずと差し出すお布施を、「これはどうも」と押しいただかれた住職。

そして、何百万も掛けた告別式と全く同じのお経を勤めてくださった。

火葬場まで同行され入棺勤行《ごんぎょう》もされ、収骨後も還骨法要と初七日繰り上げ法要もされ、さて、やっと心おきなく送れた……。と思ったとき、住職は袂から先ほどのお布施を取り出された。

「これは佐知さんを思う皆さんの温かいお心が詰まっています。これから、佐知さんを偲ぶ法要のときの費用にして下さい。私は今日、これほど尊いお布施をいただけたことに感謝しています。私は今、僧侶として何よりも尊い皆さまのお心をいただきました。ありがとうございました」

住職はにっこりと笑顔を浮かべながら、集会所を去られた。先ほどお布施を手渡した老人の手には、Uターンしたお布施が載っていた。

四、「春二番」よ、ありがとう

桜の蕾がふくらみ始めた頃であった。街で指折りの名士、中堅企業の社長が他界され、この街一番の名刹、歴史ゆかしい臨済宗のお寺で葬儀が行われた。

広い境内いっぱいにテントが張られ、市会議長や著名人など四百人余りが参列した。

本堂の中には右側に遺族親族、左側には市の著名人や企業関係のえにし深い人たちが臨席し、寺苑のテントの中には参列者が満席になって、故人の生前の人脈を物語っていた。

この事態を予測して、異例ともいえる二時間という式典の時間を計画し、寺院とも打ち合わせをしていた事で、少し進行に余裕を感じられた。

さて、開式の辞を告げ、読経が始まった。

住職との打ち合わせで、読経の一区切りで引導文を持って引導作法の後、弔辞、弔電の時間をいただき、著名人を代表して、有名企業の社長が弔辞を述べられた。

その後は、二百通を超える弔電の読み上げである。全文読み上げるのは十数通、あとは省略してお名前を読み上げるだけである。

マイクを持つ手のそばには山と積まれた弔電、その横には親族はじめ代表者皆さまのお焼香の順番を記した「焼香順帳」が置いてある。弔電拝読が終わると、再び導師による読経で焼香が始まる。

弔電拝読も半ば終わりかけた時であった。不意に強風が横殴りに吹き付けた。春一番であろうか。その時、手元から焼香順帳が風にあおられて飛び去り、本堂の階《きざはし》の下を通る溝に舞い込んだ。本堂へのぼる階は巾三間半《さんけんはん》。その中には人は入れない。手も届かない……。もうすぐ、観世音菩薩普門品《かんぜおんぼさつふもんぼん》というお経が始まる。するとすぐ焼香が始まる。

親族四十八人、代表焼香三十七人、そのお名前の全てが溝の奥に入り込んだ。自分の顔から血の気が引いて、青ざめていくのを実感した。残りの弔電を持つ手がわなわなと震えた。

すると、その時である。ひゅーっとまた風が吹いた。そしてそして、階の反対側の溝から舞い上がった冊子、焼香順帳であった。

思わず「それ取って！」と言った私の声がマイクを通り、参列者の方が追いかけて拾って下さった。読経が始まり、まだ少し震える声で読み上げる焼香者のお名前……。

無事に済ませたお葬儀。全てが終わって、お寺の本堂に正座し、見上げたご本尊の釈迦牟尼仏《しゃかむにぶつ》のお顔。その半眼半口《はんげんはんく》の優しいお顔が「よかったね」と語りかけて下さっている……。そんな思いがした。

「春一番」……ではなく「春二番」よ、ありがとう。

五、サッちゃんの旅立ち

「母が亡くなりました。よろしくお願いします」

かねてより予約を受けていた知人からの電話があったのは、春の陽射しが明るいお昼過ぎ、さっそく病院へ向かった。

その病院はカトリック系の病院で、院内の一角に、終末期医療、緩和ケア病棟、いわゆるホスピス棟の充実した病院であった。

病院に到着し、案内されたその病棟、ホスピスのデイルームに入り驚いたのは、その明るさである。色とりどりの花が飾られ、音楽も流れていて、いすに腰掛けている人、ソファーにもたれている人、どの人も、終末期の患者とは思えない明るい雰囲気が漂っている。

病室へ案内された時、ご遺体の前に患者仲間の人たちが数名、そしてご遺体の胸には十字架が置かれていた。

「サッちゃん、よう頑張ったな！　もうじきわいも行くで、あっちでまた会おうな！　ほんでまた歌うたおうな！」「そうやそうや。私も、もうじきやで……」

何と明るい終末風景。私は度肝を抜かれた。

ご遺体にはすでにエンゼルメークが施され、日本人の平均寿命に少し足らないサッちゃんこと河道佐知子（仮名）さんの顔は、とても安らかであった。

「さあ！　お訣《わか》れしましょ！」。看護師長の声で、私たちはご遺体をストレッチャーに乗せ、エレベーターへ向かってデイルームを通った、その時であった。

「サッちゃんが行くよ。みんなでさよならしよう！」と一人の女性が声を掛け、病棟の患者が十数人集まった。

その患者一人ひとり、不治の病を抱えながら人生の終着駅をここで過ごしている人ばかり。でもその意外な明るさは、どこから来ているのだろう。

「葬儀屋さん、ちょっと待って」

「優しかったサッチャン、明るかったサッチャン、お節介やったサッチャン、ほんで、泣き虫やったサッチャン……。さあ、みんなでサッちゃんの歌で送りましょ……」

そして大合唱が始まった。

〝サッちゃん〟という童謡の大合唱。しばらくして、師長さんが「さあそれじゃね」と私たちを促し、エレベーターにストレッチャーを入れた。

エレベーターのドアが閉まるまで、大合唱が続いていた。

六、「納棺部長」

『納棺夫日記』という本が出版され、話題を呼んだ。実際に葬祭にたずさわった青木新門氏の筆によるもので、これを基にして制作された映画「おくりびと」が大ヒットして、今までタブー視されていた葬祭の舞台裏があからさまになった。

それからである。各葬儀社が競って宣伝に力を入れ始めた。「家族葬」「直葬」「散骨」など新語がつくられ、今、各葬儀社はしのぎを削っている。本文のようなコラムが本にまとめられるのも時代であろうか。

ところで「納棺部長」と異名を取った、葬儀屋の一従業員がいた。彼の信念は、納棺作業こそが、葬祭の全ての始まりだというのだ。

葬儀式では、その進行を担当する司会者がいる。現今は女性が多く、プロの司会者を抱えたプロダクションも林立している。しかし彼の持論は違った。司会者は、必ず納棺に従事すべきだと言うのだ。

それは納棺時こそ、周りで見守る親族の動作や会話で、亡くなった人の人柄や性格、家族親族の中での立場や存在が分かるからだと言う。そして、それを基にしてナレーションを作り、式中にぶっつけ本番で、バックに静かな優しいミュージックを流しナレーションを流す。それが参列者の心をつかみ、ひいては故人の旅立ちに感動を加味するのである。

時には四季の移ろいを取り込み、桜の頃には、納棺時に桜の小枝をそっと柩の中に忍ばせ、それをナレーションに取り入れる。

「○○さまのお眠りになっているお柩の中に、そのお顔の横に早咲きの桜のふた枝がそっと手向けられています。ことしの桜を楽しむことを心待ちにされていた○○さま、どうかことしはお柩の中で心ゆくまでお花見をなさって下さい。そしてそして、お浄土に着かれましたら、そのひと枝を、み仏さまに捧げてください。もうひと枝はご先祖さまにあげましょう――」

これこそ、納棺におのれ自身がたずさわらなければ出来ないナレーションである。

彼の存在は各寺院やいろいろな宗教者の中でも評判になり、中には「あんたのナレーションが楽しみやで!」と言う古刹の住職もおられた。

「納棺部長……」。彼は七十八歳で引退した。

今、葬儀社のコマーシャルに「心を込めたお見送り」という言葉が使われている。「納棺部長」。彼こそがその通りの人であった。

七、二重に張った幕飾り

保育園の園長先生が他界された。

若かりし頃より幼児保育ひとすじに携わり、地域の幼児や保護者から、やさしい人柄に親しみをもって「お父さん」と呼ばれていた。

地域に深い愛着を持っておられた園長先生を送るのには、寺院や葬儀会館よりふさわしいというので、葬儀は地域の福祉会館で行われることになった。

「葬儀屋さん、園の子どもたちにもお別れをさせてやりたいんやけど、何かよい方法はありませんか？」

「わかりました、考えてみましょう」

そして考えた。考えた揚句、思いついたのは二段階に分けて式を行うということであった。

普通、祭壇のバックには白い幕を張るのだが、思いついたのは二重幕であった。

先ず祭壇の奥に白幕を張り、そこに薄い淡い色のブルーの布で飾り幕を作る。蝶々が舞っているような形に細工した布、それにシャンデリアを吊ったような細工の布で両隅を飾り、やさしい雰囲気を醸《かも》し出す、まさに腕の見せどころである。そしてその前方に白幕を張って二重にした。花で飾った祭壇ににこやかに微笑んでいられる遺影を飾り、その前に柩を安置した。

さて、式当日、近隣の方々大勢が参列して式が始まった。近くの檀那寺の住職の読経で行われ、優しかった園長を偲んで香を焚き、涙まじりの礼拝が続いた。最後に町会長が止め焼香をして一旦式が終り、住職がすり足で退場された。

その時、前方の白幕を一気にとり去った。するとそのうしろから、いろんな形に飾られた色幕が現れ、少し控え目にしておいたライトが全開して皓々と祭壇と幕飾りを照らし、式場の雰囲気が一変した。

そして、それ迄場外で待機していた園児たちと保護者が入場した。園児たちは手に手に一生懸命折ったであろう折鶴を持って、園長の柩の前に集まり、柩の上に一人ひとり、合掌して折鶴を捧げた。

「さあ！　お別れしましょう」。保育士のひと声で、男の子一人が「先生！　やさしかった先生！」。次に女の子が一人「先生！　ありがとう」。そして園児全員で合唱が始まった。

大合唱が終り、全員が一斉に「園長先生ありがとう！　園長先生さようなら！」。声をそろえて言った。いつのまにか傍においでになっていた住職の眼にきらりと光る涙。前倒しに三十分余計にとった時間、子どもたちの精一杯の心を抱いて園長は八十一年の生涯を全うされた。

八、生き返った喪主

電話があったのは深夜二時。何事かと受話器をとった。

「すんまへん、ほんまにすんまへん、こんな時間に。助けて下さい」

相手は同業他社の杉山君。

「どうしました？」

「うちの花屋がえらいミスしよって、立板（葬儀場の前に立てる銘記板。〇〇〇〇儀告別式場と墨書したもの）に故人やのうて喪主の名前を書きよって、それでも、みい〜んな気がつかんで通夜が終ってから遺族の人が気づいて……。さあ！　えらいこっちゃ！　〝俺を殺しやがって！　どないさらすんじゃ!!〟言うてカンカンに怒ってはりますんや。

遅うに申し訳おまへん、夜明けまでに書き換えんと、夜が明けてみんなが来はるまでに作り替えなあきまへん。今、若いもんが新しい板を持って来ますんで、一筆お願い出来まへんやろか」

「わかった！　ほんで、式場はどこや！」

「すんまへん、ほんまにすんまへん。それが……」。彼は言い澱みながら言った。

「遠いところでんね。高槻の上牧でんね。お宅の店まで迎えに行きますんで、お願い出来ませんか」

彼が迎えに来たのは三時半、現場へ着いて早速とりかかった。

花屋が作った看板は、今どき普通になった印刷の字体。喪主の名が堂々と印字されていた。新しい銘記板を用意して待ちかねていた社員三人、揃って頭を下げて、「すんまへん」と言った。

「お互いさんや、気にしなや」。そう言って久しぶりに筆をふるった。われながら、まあまあやな……という出来にちょっぴり満足した頃、しらじらと夜明けがやって来た。

社員が淹れてくれたコーヒーを飲んでいると、喪主が現れた。

「おお！　書き直してくれたんやな。これでおやじあの世へ行けるわ！」「きついこと言うて悪かったな」

どうやら機嫌がなおったようだ。そこで私がつい口を挟んだ。

「ほんまに申し訳ありませんでした。みんな心からお詫びしています。ところで喪主さま、おたくはきっと長生きされますよ。一旦故人にされて生き返らはったんでっさかい」

「あっははは！」と豪快に笑われた喪主は、「おやじは卆寿《そつじゅ》（＝卒寿・九十歳）でした。ほんならわしは白寿（九十九歳）まで生きることにしまひょ！」

北摂（大阪北部地域）の空が明け初め、雲ひとつない青空が逝く人の長寿を讃えているようだった。

九、中陰までの雛飾り

葬儀が済み、火葬場で拾骨した骨箱は、後まつりと称して故人の住処《すみか》で安置される。これを「中陰飾り」と称して普通は四十九日の切上げ法要までお祀りし、そのあと納骨をする。しかし今は諸事情により必ずしもその通りではない。

「四十九日終りました、後まつりを引揚げて下さい」。電話をうけて訪問したのは春風がやさしく頬を撫でる黄昏《たそがれ》どき。

仏間の一隅にしつらえていた飾り棚を片付け、ふと横を見ると、雛飾りが置かれている。年代を感じさせる古式ゆかしいお雛さま、代々飾られて来たであろう立派な飾りに目を奪われた。

「立派なお雛さまですね。そやけど、もうじき五月ですよ。雛の節句を過ぎても飾っていたら、嫁《ゆ》き遅れると言いまっせ」と言って、あっ！　と口を押さえた。

亡くなったのはこの家の娘さんだったのだ。

「葬儀屋さん、娘はもう嫁ぐことはありません。たった一人の娘、お雛さんも、もう御用ずみですわ」

再生不良性貧血、いわゆる白血病で入退院をくり返していた娘さん。

市民病院から大学病院へと転院したのはちょうど三月三日、雛まつりの日だったという。その日のためにお雛さまを飾り、転院する時、寄り道して自宅に連れ帰って、お雛さまを見た娘さんはにこっと微笑んで、「おひなさん……」と小さく囁いて次の病院へ向かった。そしてその一週間後、現代医学の粋も及ばず、帰らぬ人になったと言う。

「葬儀屋さん、娘の嫁ぐところは仏さんのとこです。そやから、中陰明けて納骨のときまで飾っておこうと決めたんです」「明日、菩提寺へお骨を持って行き、先祖代々の墓に納めます」「代々引き継いだこの雛飾りも、もう処分しようと思っています」

何と答えたらいいのか、言葉を失った私。それでも胸に迫った思いで口をついて出てしまった私。涙でつまった鼻濁音で……。

「あかりをつけましょぼんぼりに……」と。

すると娘さんのお母さんが「お花をあげましょ桃の花……」と唄い出した。すると父親も唄い出した。囁《ささや》くような声がだんだん大きくなり合唱となった。

そして後飾りの遺影の横に短冊を見つけた。お母さんが俳句をたしなまれるのであろう。

それには「古雛にひそともの言い娘《こ》は逝きぬ」と書いてあった。

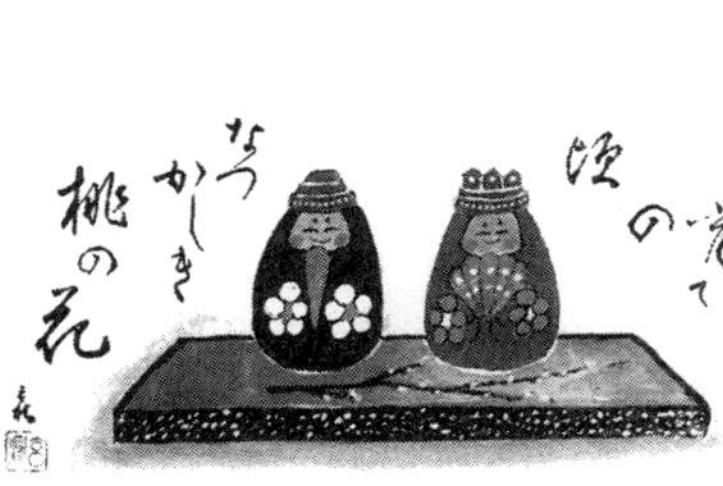

十、忍者まがいの隠密行動

馴染みの住職から連絡があったのは、夕焼けの美しい晩春のたそがれどき。地元の旧家の若主人が身罷《みまか》られたとのこと。糖尿病を患って右足は壊疽《えそ》を起こし、やむなく切断したが、回復に至らず、四十四歳をもって今生を後にされたとのことだった。

若い社員を連れて向かった家は、古い家並みの続く住宅街、その一角に建つ古民家風の家で、大きな庭に桜若葉の光る立派なお屋敷であった。

「葬儀屋さん、何よりもこの家が好きだった息子、どうかこの家で送り出すようにして下さい」「承知いたしました」

早速、この家の八畳と六畳をつなぐ居間を式場として飾り、お花を主体とした優しい祭壇をしつらえた。その時、別の喪家から連絡があり、是非相談したい事があるので会いたいとのこと。やむなく若い社員に納棺を頼んで後にした。

しばらくして戻った時はすでに立派な祭壇がしつらえられ、納棺も終わって祭壇に安置されていた。

やがて通夜の時間になり、近隣の方々が多勢《おおぜい》弔問に訪れて下さり、親族、遠戚の方々も次々と到着された、通夜が始まった。

その時である。喪主である父君が、「葬儀屋さん、息子は義足を着けたまま柩に入っていますが、親戚の者たちには、足を切断したことは言ってません。焼場で骨あげのときバレませんか？」

私ははっとした。若い社員がうっかりそのまま納棺してしまったのだ。何よりも火葬場で金属を入れることは禁止されている。経験の浅い社員はそのことを忘れていたのである。

さあそれからが大変、すでに読経も始まり、親戚の人が居並ぶ式場で、内緒で柩を開け、義足をとり出すのは至難のわざ……。

さて、どうしたものか、通夜が終わって自宅に帰っても眠られぬ夜を過ごし、朝になってやっと気が付いた。誰にも気付かれないで義足を取り出すのは、式の最中しかないと。

やがて式が始まり、読経とともに焼香が続いた。その時である。そっと祭壇の裏へ回った私は花に囲まれた祭壇の後ろに安置されている柩の蓋をそう～っと開き、義足を取り出した。一か八かの行動、幸い誰にも気付かれずに成功した。

ほっと胸を撫でおろし、何食わぬ顔で式場に戻り祭壇を見ると、心なしか遺影がにやっと笑ったように見えた。

十一、葬斂屋の至福のとき

葬祭業という仕事は、一般的な業種と異なり、受註の変動がはげしい。目の廻るような多忙な日もあれば、何日も仕事のない日もある。しかも葬儀を依頼される立場の方の心情に配慮すれば、生涯に何度も経験されることでもなく、精一杯の心配りを以て対処しなければならない。と言って、やはり経営には収支は絶対である。充分すぎる人員を保有するのは、変動のはげしい受註状態のこの業種では経営が成り立たない。

そこで存在するのが外部の助っ人団体である。それぞれにクラブを経営し、「お茶子さん」と昔称《よ》ばれた女性のお世話係さんのクラブ、葬儀の司会専門の女性クラブ、そして祭壇飾りと大規模な葬儀式の司会をするベテランの集団。それぞれにそれなりのスキルを駆使して、葬儀社のサポートをする集団である。

市の中堅会社社長が他界され、喪主をつとめられた現社長から連絡をいただいた。

「父が亡くなりまして。八十九歳でした。密葬はすませましたが、社葬を行いたいと思いますのでお願い出来ますか？」「えっ！　ほんとですか。私どもでええんですか？」

「先日、市議のお葬儀でおたくを知りました。あの時、感激しましてな。是非お宅でお願いしようと思いました」

早速伺ったのは市の産業の中核を担う鉄工会社。社葬の規模、参列者の人数の予想、会場、予算、どれをとっても大大規模である。

式場は市屈指の大寺院、導師の外《ほか》、脇導師、式衆五名、参列者は五百名と予想した。

さあ！　この時こそ助っ人をと手配したのがベテランの司会者外男性六名、お世話係の女性十名、式前日に会社へ呼んで打合せをした。中でも名司会者と言われる人に進行を依託し、脇に自分が補助することにした。

式当日、控え室に全員で挨拶し、司会者を紹介した。その時である。

「話が違うやんか！　あんたがマイク持ってくれると思うて、君んとこにお願いしたんや」

「えっ！　そうですか」

故人の業績を紹介するナレーションは、聞きとって文章にしたものをプロの司会者に渡してある。

「わかりました、精一杯やらしていただきます」

急転して司会者と補助の立場が逆転した。

朝曇りが晴れて美しい空の下、二時間の本葬が具現した。寺苑一杯の参列者、無事に終った時、「葬斂屋」としての充実感、この仕事に就く幸せを実感した私であった。

十二、ついたり消えたり

我が国ほど多様な宗教が存在する国は、世界に類をみないのではなかろうか。神仏混淆《こんこう》という特殊な国では、葬祭式においても様々な形式がある。

ある神道《しんとう》における葬儀式のことである。

神道の葬祭の中で、一番大切とされる儀式が遷霊《せんれい》式、みたまうつしの儀式である。祭壇の前で故人の霊を安らかにあの世へ送る大切な所作である。式場の照明を全部消し、暗闇の静謐《せいひつ》の中で手燭を持った神職が呻《うめ》くように祈りを捧げる。これこそが神道の葬儀の真髄とされている。その場面ではブレーカーを落とし、会場全体を暗黒にする。さあ、その時が来た。打ち合わせの通りブレーカーを切り、暗黒の中、遷霊の儀が始まった。

その時である。

また会場の明りが全部点《とも》って昼間のような明るさになった。あわてた職員がブレーカーのもとへ走って切断した。ほっと胸を撫でおろした時、またもや照明が点《つ》いた。

また走った。切った。また点いた。また走って切った。

その時そこに居たのは新米のお世話係。以前は献茶婦又はお茶子さんと呼ばれた女性のアルバイト職員だった。

電気の使い過ぎでメインのブレーカーが落ちたと思って、あわててスイッチをＯＮにしたのだ。

式場のざわめきの中、あらためて遷霊式が行われ、そのあと神職の祝詞《のりと》の中、おごそかに玉串奉奠《たまぐしほうてん》が続き、無事に葬儀は終わった。

神道の葬儀式を経験したことのないその女性がブレーカーの傍にいた。事前に教えておかなかった我々の不首尾。そして経験のある職員が近くに居なかった……等々、不慮が重なったのであった。

出棺の儀が終わって、我々はその女性を伴って神職に詫びに行った。

神職は憮然としながらも「よう覚えときなはれや」と言った。

続いて喪主さんや親族の方々にお詫びした。

すると喪主さんは、

「おばんは九十二歳でしてん。長いことこの世にお世話になって、おおきに！　おおきに！　さいなら！　さいなら！　とくり返しわい等《ら》に言うてくれたんでっしゃろ。おねえさん気にしなはんなや！」

と言って下さった。

胸のつかえがすっと下りたようだった。

十三、三年ぶりのお風呂

「おじさん、とうとう逝きました」

以前住んでいた街で子ども会のお世話をしていた頃、私に懐《なつ》いてくれた彼女、すでに結婚して一女をもうけ、立派な主婦になっていた。

大工をしていた父親が四年前に脳梗塞で倒れ、半身不随で、最近では寝たきりであった。

「お風呂の大好きな父でした。もう三年も風呂に入ってなく、情ない終末でした」

「よっしゃ！　風呂に入れてあげよう」「えっ！　そんなこと出来るのですか」

「まかせとき！」と言った時に、私の心は決まった。「湯灌屋《ゆかんや》」であった。費用は私が自費で負担しようと決めたのである。

今、知る人ぞ知る湯灌屋という専門業者が存在する。

長期の療養で長らく入浴出来なかった故人に、最後のプレゼントとして奇麗に体を洗ってあげる。それが身内の方たちの心を癒やすのである。早速会社に電話した私。

「おい！　風呂屋をだんどりしてくれ！」

「えっ！　お風呂屋さん？」。湯灌業者を〝風呂屋〟と呼ぶ私たちの慣習が彼女を驚かせた。

やがて湯灌業者が到着し、簡易浴槽を運び込んだ。

ご遺体を浴槽に安置し、お湯に水を注ぐのではなく、「逆さ水」と言って水にお湯を注いで適温にする。それを家族、親族の人たちが足元から胸元へかけてお清めをする。そのあと、プロが洗髪、顔そり、そして全身を洗う。故人は気持ちよさそうな顔、心なしかそんな気がする。

すっかり奇麗になった体に着付けして旅仕度し、うっすらと化粧を施し、見違えるような姿になった。

「おじさん!うれしい!!　ありがとう……。お父さんよかったね！　気持ちよかったでしょ！」

翌々日、葬儀会館で行われた告別式は、昔住んでいた街の友達や、業界の人たちで溢れ、長いお付合いの寺院の住職が心に響く読経をして焼香が終り、会葬御礼の親族挨拶に彼女が立った。

「皆様、ご会葬ありがとうございました」

そして突然言った。

「お父さん、お風呂に入ったんですよ！　三年もの長い間、お風呂大好きな父が、苦しかったことでしょう。それが、それが、お風呂に入れたんです。皆さん、父の顔を見てやって下さい。本当に有難うございました」

聞いていた私、「よかった！　よかった」と、胸があつくなった。

十四、お骨をどうするか

五月晴れのさわやかな朝、出勤すると机の上にメモが置いてあった。宿直の社員からであった。

「先日お世話した田川さんから、ちょっと相談したいことがあるそうです」

一カ月余り前、お葬儀を受註して地域の自治会館で営んだ方であった。そろそろ五七日《いつなのか》（三十五日）の法要もすまされた頃で、後飾り《あとかざ》（中陰飾り）の引揚げの事かなと思って電話してみた。

すると、「お骨のことで、相談したいので来てくれませんか?」とのことである。

早速伺うと、喪主をつとめられた息子さんを中心にして親族の方が四人、そして故人と同郷であったという親友の方が額を寄せて話し合っておられた。

「わざわざ来てもろてすんまへん。実は明日お寺さんに来てもろて、三十五日の法要をして切り上げをしようと思いますが、さて、お骨をどうしようかと、今、相談しているところです」

「実は親爺は佐賀の海辺で生まれました。七人兄弟の末っ子でして、早うからこちらへ出て来たんで故郷に縁がうすく、そやから葬式の時も田舎から誰も来よらへんかった。今更田舎へお骨を持っていかれへん」

「と言うて墓を作るような経済力もないし、八十九歳まで生きても、その間、兄弟みんな亡くなって、田舎にはもうご縁はないんや」

「今、揉めているのは、散骨して海へ帰そうというのと、ほな、もう拝む対象がないやんか、と言う意見が分かれてて……。ほんで、ええ方法ないかいな？　と来てもろたんや」

そう言えば今、散骨が話題になっている。生きとし生けるもの、その起源は海である。だから悠久の魂を母なる海に帰そうというのである。それで「海帰葬」とも名付けている。

「両方叶う方法を考えましょう」と私は言った。

「一部を散骨しましょう。海の近くでお生まれになり、海を眺めてお育ちになった故人様なのですから。そして残りを大阪の一心寺にお納めになったら如何ですか。一心寺ではお骨を粉砕して仏像の一部にして下さいます。たくさんの〝骨友達〟と一緒に仲良く仏さんになって下さいますよ」

すると喪主さんが「おお！それはお骨のシェアハウスやな！」

「うまいこと言わはりますね」と言いながら私は「仏さんがシェアハウスか……」と感心した。

後日、西宮のハーバーから海帰葬を行い、一部残したお骨は一心寺に納骨したと電話をいただいた。

「親爺も喜んでますやろ。時々、一心寺に拝みに行きます」

よかった、よかったと胸がすっきりした。

十五、命名〝永遠子《とわこ》〟

「ちょっと相談があるんやけど、もし時間があったら来てくれませんか」

電話があったのは、菜種梅雨のしとしと雨が歩道を濡らす夕刻であった。ちょうど帰り支度をすませた時なので、早速向かったのは昵懇《じっこん》にしていただいているご住職のもと、浄土宗のお寺である。

「ほとけさん（遺体）なしの葬式は出来んやろか。

実はうちの檀家の若嫁さんが流産しはって、女の子でまだ六カ月やったんやけど、さあ、それからそのショックで心を病まれ、鬱《ふさ》ぎ込んでしもうて。何しろ長いこと子どもが出来んと、不妊治療なんかして、やっと妊娠した子が流れてしもたもんやから……

せめて流れた子の菩提《ぼだい》を弔うてやったら、ちょっとでも気が落ちつくんやないかと思うてな」

「水子供養《みずこくよう》ですか？」と私は聞いた。

「そうやないんや、一般的な水子供養ではあかん。ちゃんと葬式をして仏さんのところへ送ってあげたいんや」

そうすることで、その女性の心を少しでも落ちつかせ、仏教の真理の力を借りて、生きる希望を与えてあげようということである。

〝遺体が無い〟〝遺影がない〟そんな葬儀は前代未聞、考えあぐねた結果、

「そうや！　子安地蔵さんを飾って遺影の代りにしよう」。子安地蔵は子どもの守護仏として、安産や子どもの息災を願って詣られることが多い。流産した子が次の世で生まれかわることを念じて子安地蔵を祀ることにした。しかしそのお像を画いた軸などない。

「ええい、申し訳ないけど俺が作るわ！」と言って赤子を抱いた地蔵さんの絵を描き、額に入れた。

お寺の本堂の一角を借り、スイートピーやオンシジュウム等のやさしい花、その中心にチューリップを挿して、お地蔵さんの絵を飾った。

「おお！　うまいことできたな！」と住職が褒めてくれた。

雨が上り、美しい皐月《さつき》空の日曜日、当の女性とその家族、そして実家のご両親も出席された。住職の美声で〝仏説阿弥陀経〟が読誦《どくじゅ》され、参列の二家族の焼香で厳粛な、しかしやさしい空間が生まれた。

お経が終り、やおら振り向かれた住職が言われた。

「娘さんは今、仏さんのとこへ行かれました。仏さんが可愛がってくれはります。そうや！　名前をつけなあかん！　僭越ながらわしが名前をつけましょか。永遠の子と書いて〝永《と》遠子《わこ》〟でどうや、永遠のいのちがいつまでもお母さんに宿って見守ってくれるように！」

彼女は大粒の涙をこぼして頷いた。

十六、同志の見送り

「ちょっと無理聞いてもらえんやろか」

そろそろ事務所を閉めて帰ろうかなと思う矢先、電話をくれたのは昵懇《ねんごろ》にしてもらっているお寺のご住職であった。

「わしの同期やった大学の友達が還浄《げんじょう》（浄土へ帰った＝亡くなったの意）しよってな、可哀そうな奴で、あの震災で嫁を亡くし、一人息子が十三年前に交通事故で死んでしもうた。交通事故いうても加害者の方でな。おまけに保険もかけてなかった」

自暴自棄になって会社をやめ、家も売ってちっちゃいアパートに引越し、それでも食うため職を転々とし、不摂生な生活からとうとう病気になって、満足な治療もうけず、肝癌末期になって民生委員の世話で入院したものの、わずか二カ月の闘病で逝ったという。

「わしんとこの寺で送ってやろうと思うんやけど、何しろゼニがない、身内がない、友達もない、わずかな年金で貯蓄もない、ないないづくしでな……」

行年《ぎょうねん》六十八歳、絵に画いたような不幸な人生である。

「時々うちへ呼んで食事をさせたんやが、なんや同志の集まりみたいなもんに行くんやと言うとったが、ようわからん……」

市民病院から引き取った遺体は痩せ衰えて口からドス黒い血が溢れ、肝機能障害の典型的な様相であった。優しい住職の心づくしで、寺の本堂に柩を安置し、葬儀を行うことになった。

さて、火葬日が決まって、葬儀の真似ごとでもと住職が心こめて読経していた時であった。寺の駐車場に一台、又一台と車が四台駐車し、十人余りの人がどやどやと本堂に入って来た。

「病院で聞きましたんや！　私たち亡くなられた道川さんと同じ志を持つ者です。ほれ、あの市会議員さんも来てくれはりました。寒い中、痩せた体で、一生懸命署名運動や募金にも参加してくれたんですよ！」。そして「ごめんなさいよ」と言って本堂にあがりこんだ。

「そうか、同志と言うてたんはあんた方でしたんか」と、読経を中断した住職。

「よう来てくれました、おおきに！」と言って読経を続けた住職の声は、ひときわ力強く聞こえた。

「みっちゃん、おおきに。戦争あかん!!　と言うてた心を決して無駄にせえへんで！　安心して天国へ行ってや！　ほんでわしらのこと見守ってや!!」

お香のかおりが漂う中、市会議員が花束をそっと焼香台に置いた。

不運な一生を送った彼。しかし純粋な心で同志と共にした晩年は、もしかしたら充実した日々であったのかも知れない。

十七、燭《しょく》の灯を消した松明《たいまつ》

庭に植えられた沈丁花《じんちょうげ》がほのかな香りを漂わせ始めたころ、県立病院のＩＣＵで彼は今生を後にした。享年六十一歳。地場産業に従事した彼、街興しのイベントにも熱心な人だった。

葬儀は地域の福祉会館で行うことになり、先祖代々からの菩提寺の住職がお導師を勤められた。

浄土宗の由緒ある名刹であるにもかかわらず、頭の低い、親しみ深い、誰にも心安く話される住職。街の人々にも親しまれていた。

しかしいざ葬儀の作法になると、自坊の宗派に基づいて凛とした七条袈裟《しちじょうげさ》の姿が、おのずから厳粛な空間を創り出す、素敵な僧侶であった。

浄土宗には、亡くなった人を、この世から安らぎの浄土へ送り出すという意味の大切な作法がある。

故人の柩を前にして、松明《たいまつ》を廻して偈《げ》を唱え、この穢《けが》れた現世《うつしよ》を後にして浄《きよ》らかな世へ送るための作法である。

「厭離穢土《おんりえど》」「欣求浄土《ごんぐじょうど》」と偈を唱え、二本の松明を持ち、その一本を投げ捨て、一本を大きく廻して、「欣求浄土」すなわち、喜びをもってお浄土へ向かう……。といった作法である。

集会所いっぱいに詰まった参列者。しーんと静まりかえった式場内でその作法が行われる。

しかし、本当の松明を使うことはできない。火災を引き起こすからである。だから松明に模した道具、または菊の花を二本の松明の代わりに使うのが普通である。

松明に模した菊の花を持った住職が、荘厳な式場の中で作法を行われた。菊の枝を大きく廻し、一本を偈とともに投げ捨てられた、その時である。なんとその枝が衣の袖に触れたのか、とんでもない方向に飛んで蝋燭《ろうそく》に当たり、その灯を消してしまった。

あわてて、灯をつけようと祭壇に向かった私を、喪主が遮り、黙って首を振った。

そのまま式は進行し、参列者の焼香も終わり、読経も終わって、導師は一旦退場、お柩を中央に安置し、ふたを取って最後のお別れのご対面の時である。

お導師が再び入場して別れ花を入れる時、「えらい粗相をしてしもて……」と言った。

しかし喪主は、「和尚《おっ》さん、何言うてはりまんのや。二本の蝋燭が一本になった……。それは迷わんと、まっしぐらにお浄土へ行けよと教えてくれた仏さんのお計らいや。ありがたいこっちゃ！」と言った。

なるほど、全てを良い結果ととらえること、それを教えてもらった。私は胸をなでおろしたのだった。

十八、死亡届と俳句

葬儀を執り行うのには、市町村への届出が必要であることは周知のことである。亡くなられた方の傷病等、死亡診断書が発行されそれを届け出て、火葬許可証を受けとる。そして、火葬が終ると遺骨と共に火葬証明書をもらい、それがないと埋葬できない（因みに事故・事件による変死体には死体検案書が発行される）。

それを役所に届けるのは、葬儀社が代行するのがほとんどである。

さて、役所には休日があるが、死は曜日や祝休日を選んでくれない。そこで休日に死亡届を受け付けてくれるのは、衛士《えいし》と称《しょ》ばれるガードマンである。

兵庫県の中核都市、休日によく顔を合わす衛士さんがいる。私より少し若い彼は届出の度に、にこやかに顔をほころばせ、「ご苦労さまです」とねぎらってくれ、「ええ天気ですね」「暑うなりました」「今夜は月がきれいですね」等々、言葉をかけてくれ、なんとなく心が安らぐ、そんな人であった。

ある雨の夜、届を出しに行った時、窓口をふと見ると、そこに俳句歳時記が置いてあった。

「俳句しはるの？」と聞く私に、あわてて歳時記の上に手を置いて、「いやあ〜、お恥かしい」と言った。

「何言うてんのすばらしいやんか！」「おたくもされるんですか？」「好きやねん！」

さあ、それから俳句の交流が始まった。届出のたび、顔を合わすたびにメモの交換をした。と言っても、衛士は数人交代であり、一カ月に二、三回である。

「花の風彼岸への道清めよと」「吾よりも若く逝く人梅雨滂沱《つゆぼうだ》」

「夏雲やあの世へ無事にと届受く」「幼な子の死亡届や秋桜」

「届け書の湿っておりぬ雪の夜」「安らかにと念じ死亡届に印を捺《お》す」

「届け出の年齢まず見るわれ還暦」……。

中には季語のないものもあるが、自分の役職を自覚して、使命感を踏まえて詠んだ心に沁みる句であった。私も時々返句を手渡した。

「春灯に衛士のまなこやさしくて」「夭折の人の届けや雪しまく」「菊一枝窓口に贈り届け出す」

七十八歳の五月、自分の体調も考えて退職を決意した私。丁度連休の二日目に最後に担当した葬儀、偶然彼が担当の日に届けを出しに行った。車の中にいつも用意している短冊に筆ペンで書いた俳句。

「これよりは字余りの吾五月晴」　康祐
これが彼との交流の最後となった。

夏

十九、寺葬の風景

「前坊守《ぼうもり》が還浄《げんじょう》しました、寺葬で送りたいと思います。是非御社でと前住が言ってます。よろしくお願いいたします」

電話があったのは夕刻、そろそろ帰り仕度をしている頃であった。

前坊守とは前の住職の奥さんのこと、還浄とはお浄土へ還ること、亡くなったという意味である。そして前住とは今の住職の父君、引退された一代前のご住職、そのご夫人が他界されたのである。行年《ぎょうねん》八十四歳、かねてより肺炎で入院されていた。

「これは大変やぞ。心してかからないと……」

そのお寺はこの街屈指の名刹《めいさつ》、併設された幼稚園も有名で狭き門と言われている。その幼稚園の園長さんでもあった故人、早速打合せに伺った。

「式衆は二十八名になると思います。葬儀のあと、園児たちでお別れをしたいと思いますので、充分時間をとって下さい」

翌日、社員総出で万全を期してミーティングを行い、お寺へ向かった。

やさしい死顔にうす化粧をし、柩はご本尊の正面を避けて向かって右側に安置し、生花を存分に使って飾りつけた。寺葬では正しい作法は、柩に焼香するのではなく、あくまでご本尊に合掌礼拝し、お香を焚いて、お浄土に迎えて下さるようお願いするのである。

お導師をはじめ、近隣の同宗の寺院の院主さんたち二十八名の僧侶で、荘厳きわまる通夜式が始まり、信徒さんたちで、広い寺苑に張りめぐらせたテントの席が埋まった。

翌日、二時間とった葬儀、葬送儀礼のあと、幼稚園児が新しい園長に引率されて入場し、それぞれ手にした一本の生花、色とりどりの小菊を捧げ、教えられた通り合掌礼拝した。みんなのお供えが終ったところで、声を揃えて言った。

「園長先生ありがとう、園長先生さようなら！」。そして「さあ！　歌いましょう、園長先生に教わった歌を！」と言った新しい園長が涙声で歌い出した。「思い出のアルバム」という歌である。

合唱する園児の声がだんだんかぼそくなり涙声になった。すると参列者の中から一人、二人と歌い出し、だんだん増えて合唱となった。そして最後のフレーズ……

本堂の右脇に飾られた遺影が微笑んでいて、ご本尊の前に並んだ式衆の一人、二人と衣の袖で涙を拭っていた。

二十、遺影は似顔絵

花水木の枝が空を押し上げているような、さわやかな皐月の昼下がり。事務所の電話が鳴った。

「お葬式お願いします」

蚊の鳴くような小さな声、若い女性と思われる声だった。住所を確かめ、すぐに訪れた。

そこには放心したような若い女性と中年の女性、蒲団に寝かされている小さな体、子どものご遺体である。顔にかけられた布を取って驚いた。どんな傷んだ遺体でも、ちょっとやそっとでは驚かない私だが、さすがに心が痛んだ。

顔がこげ茶色でまだら模様なのだ。

聞くところによると、女の子は六歳、生後まもなく血液の病を発症し、様々な薬を投与した結果、薬害で皮膚が傷み、こんな姿になった。幼稚園でも気味悪がられ、たった一週間で止めてしまったとか。

「葬儀屋さん、お金がないんです。でもただ焼くだけやとあまりに可哀そうなんで、葬式のまねごとでもしてやりたいんです」

「わかりました、工夫してみます」

式場を借りる費用はない。自宅は文化住宅の二階の六軒並んでいる右から三軒目、とにかく何とか葬儀の飾りをと考えた結果、二階の通路を焼香場にして、通路に面した窓を開け、小さな四帖半の間にささやかな飾りをした。文化住宅の左の階段から上り、窓越しに焼香をしてもらって、右の階段から降りていただく、そんな設定にした。

お寺をお願いする費用がないので、お経のテープを流すことにした。

ところが遺影にする写真がない。赤ちゃんの時の写真しかない。無惨な顔を撮るにしのびないから一切写真を撮っていないとのこと。

遺影のない祭壇は、どんなに質素なものでもあり得ない。考えた揚句、似顔絵を作ることにした。「なんとかしましょう」。少しだけ絵ごころのある私が、画用紙を持ちこんで写生をした。輪郭と目鼻立ちをじっと見つめると、もし、色白であったらさぞ可愛いかっただろうと思われた。

出来上がった似顔絵はわれながら上出来だと思った。額にいれるとそれなりになり、なんとか格好がついた。

当日、思いがけず、たった一週間だけ通った幼稚園の園児が多勢《おおぜい》見送りに来てくれた。

すべて終り、葬儀代金九万八千六百円を受けとった時、箪笥の上に飾ってある遺骨の横で、私の描いた似顔絵が「にっ」と笑ったような気がした。

二十一、柩を安置する場所

わが国の葬送儀礼は多種多様の宗教、新宗教の規範に基づき、葬儀の形式、祭壇等に独特なこだわりがある。特に神式の葬儀の祭壇はきびしい規範があり、時々物議をかもすことがある。

八十四歳で身罷られたその人は、神道《しんとう》系の新宗教で永年役員をされていた方。当然その宗教の葬儀を行うことでご遺族、ご親族の方々も異論はなかった。

神道での葬儀の祭壇は主としてお供物が中心を占める。それをお献供《けんぐ》という。遺影を中心にしてその前に上下二段の壇を組み、上壇には卵、酒、米、酒、餅、塩、水、下壇には菓子、野菜、乾物、野菜、果物と十品目、乾物の代りに鯛の生姿を供える場合もある。

問題は遺体を収めた柩を安置する場所である。本来は祭壇のうしろに安置するのが普通である。しかし、弔問、会葬の人、特に親しい友人の方々に死に顔を見てお訣《わか》れしていただくのには、柩が祭壇のうしろでは不可能である。しかし祭壇のお献供の前に柩を安置すると、誰の為のお献供か主客転倒になる。

「皆さんにお顔を見てもらいたいやんか！」孫娘が強い口調で言った。

「おじいちゃんは町会でも、子ども会でも一生懸命世話して、みい～んな感謝してるんやで。最後にお顔見て、ありがとう、さいならと言いたいやんか！　祭主さん（導師の役をする人）にたのんでよ」

「う～ん、葬儀屋さんどう思いますか」喪主さんが鉾先をこちらに向けて来た。

「わかりました、工夫してみましょう」

　お献供をのせた祭壇の両脇にびっしり詰まった花壇、それを少し左右にずらして、人ひとり通れる巾を確保した。その巾から祭壇の横を通ってお顔を拝みお訣れをして、少し手前にずらした祭壇のうしろをぐるっと廻って、左側から式場へ戻ってもらう、そんな構図にした。

　通夜（前夜祭）に参列した人たちが、それぞれの思いを持って故人の顔を拝んだ。

「昔のままのやさしいお顔で眠ってはる。わしは明日も仕事やから、今夜お顔を拝めてよかった」

　そして祭主が言った。

「葬儀屋さん、うまいことしてくれてありがとう。お孫さんの声を聞いて、式をあずかる私としても、どうしたらええか悩んでたとこでした」

　式を司る人、そしてお孫さんの思い、どちらも叶った故人は安らかに眠っていた。

二十二、ええかっこしい

「わしはええかっこしいや!」「それがどうした!」

そう言って住職は募金箱を山門に置いた。

「偽善者でもええ、ええかっこしいでもええ、なんもせんよりええやろ。じっとしてられへんこの気持、阿弥陀さんが背中押さはるんや!」

熊本大震災、日を追うごとにその惨状に胸痛む中、いやでも思い出すのはあの阪神淡路大震災である。六千四百三十四人という膨大な犠牲者の数、その中には身元不明の方も居られた。

遺体が所せましと安置された建物の中に、どこからともなく聞こえてくる読経の声。そこには頭こそ丸刈りながら、ジャンパー姿の僧侶が居られた。

尼崎に小さな坊を構えている、それがこの僧侶であった。

斎場も火葬場も神戸近隣の市町村では壊滅に瀕し、荼毘《だび》に付すことも出来ない遺体にせめてもの心づかい、それがこの僧侶の読経であった。

そして、その僧侶こそ今や「泰心山西栄寺」の住職、山田博泰氏である。

大阪西淀川区に本坊を持ち、尼崎、堺、西宮、東京にも支坊を持つ大寺院となった。今や三十名近くの僧侶や十名余りの職員、数万軒の檀信徒を有する大寺院、浄土真宗の単立寺院である。

「ええかっこしいや」と自ら仰せられる住職は、どんなに貧しく、小さなお葬式、どんな少ないお布施でも、精一杯心こめてつとめられる。それに心酔した若ものが、そして年配者までが僧侶として修行を積み、住職の下で法務に励んでいる。

そんな住職の坊守《ぼうもり》さん（奥さん）が先年、脳梗塞で倒れられ、一命をとりとめられたものの、身体の一部が不随意で、排泄もままならない。その世話をされるのが、夜間は住職その人、絶対他人にまかせることなく、時には不眠に悩まされながらも、自らの手で介護されている。この大大寺院のあるじがである。

今、仏教のあり方を疑問視する人がある。

葬儀、法要、彼岸、盂蘭盆《うらぼん》等、お布施のことを話題にすることもある。しかし、お人柄が反映することを確実に証明するこのお寺、「西栄寺」。ご住職、どうか「ええかっこしい」で居て下さい。

このわしはええかっこしいやとのたまいて募金の箱を設置す住職

これは私の短歌の詠草である。

二十三、履物のリレー

兵庫県尼崎市に寺町という地名の一角がある。古刹《こさつ》名刹《めいさつ》が十何カ寺軒を連ねている。

阪神尼崎駅前の繁華街をひとつ南へ入った裏町。往古のたたずまいをのこし、まるで京都へ行ったような所だ。

その中の名刹、浄土宗のお寺で葬儀が行われることになった。

亡くなった方は市の名士。お寺の檀家総代もつとめられた方であった。

このお寺は本尊阿弥陀如来の背後に何の障壁もない。外の風景が素通しで、西方浄土を具現するように、夕陽が沈むころ、その夕陽が阿弥陀如来の光背《こうはい》となるように設計されていた。そしてご本尊と対面して本堂の階《きざはし》を上った真上に、釈迦涅槃《しやかねはん》を画《えが》いた大きな偏額が掲げられている。

このお寺での葬送儀礼には特別のこだわりがあった。

故人のお柩はご本尊の前でなく、対面した釈迦涅槃図の前に安置する。会葬者は右の通用口から入

り、先ずご本尊を合掌礼拝してからくるっとうしろを向き、お柩に焼香するのである。そして左の通用口から降壇するのである。

葬儀社のお世話係は大わらわ。何故ならば登壇した会葬者の履物を降壇口、すなわち左の通用口へ届けなければならないからだ。

しかも参列者は何百名の方々。著名人も多数居られる。その方々の前を履物をぶら下げて走り抜けるのはあまりにも失礼。だから裏へ廻って庫裡《くり》の近くを通り抜ける。まるで駅伝のようだ。

一時間半の告別式が終わると皆へとへとである。

ご案内係、お茶の接待、履物のリレー。こんな裏方の活躍で、無事にお見送りができるのである。

ご住職が乗りこまれたタクシーに続いてバスが二台。そして先頭をゆく霊柩車がホーンを鳴らして発車したあと、みんな一斉に自販機へ走り、喉をうるおした。

やがて片付けが終わった頃、ご住職や親族、友人の方たちが火葬場から帰ってこられた。

「やあ、ご苦労さん。お陰でいいお見送りが出来ました」

凛とした中にも、ふっとやさしい笑顔を見せて下さるご住職のお言葉に肩の力が抜ける。

夕陽にはまだ少し早い時間だが、それでもご本尊の背に初夏の日差しが美しい光背となって、半眼《はんげん》の阿弥陀如来が微笑んで下さるように見えた。

二十四、「昭和」に浸かって

「この町にひとつのこれる銭湯で昭和に浸る憲法記念日」

これは私の詠んだ短歌である。多機能、多施設のある大浴場が謳歌している昨今、昔ながらの銭湯がたったひとつ残っていて、昭和のたたずまいを醸し出し、私の好きな場所である。

さて、この銭湯で悲劇が起こった。

「千とせ湯」と呼ぶこの銭湯に、日課のように通っていた徳さん。この町の生えぬき、小さな雑貨店を営んでいた彼。古稀《こき》（七十歳）を迎えて店を閉め、町内会の役員ひとすじに住民に親しまれていた。いつもゆっくりと湯に浸かり、上がり湯のあとサッと冷水シャワーを浴びるのが彼のこだわりであった。

初夏の夕暮れ、その日、何となく気《け》だるそうな徳さんに番台の女将が声をかけた。

「徳さん、体調どう？」

「まあまあや！」それが徳さんの最後の言葉となった。

いつものように上がり湯のあと、シャワーを浴びた徳さんが「うっ！」とうめいて倒れた。

「えらいこっちゃ！」

同浴の客の通報で、救急車が到着した時には心肺停止、典型的な心筋梗塞であった。ＡＥＤで懸命に蘇生を促すも、とうとう戻ることはなかった。

徳さんの葬儀は地元の寺院で厳粛に営まれた。大家族の徳さん一家がお寺の本堂に集い、地域の商店主や商工会、近隣の住民など多勢《おおぜい》の会葬者が寺苑を埋めた。

住職の重厚な読経で焼香が続く中、焼香を終えた女性が、その場でへたりこんだ。

「徳さん！ごめん!!　そしてありがとう!!」

金切り声を上げたのはなんと「千とせ湯」の女将であった。「もう風呂屋やめる！　時代おくれやとわかってた。徳さんの思い出だけのこして、もう店閉める!!」

金切り声が続いた。すると住職の読経が途切れ、やおら振り向いた住職が声を上げた。

「なに言うてんのや！　あんたのとこは、昭和を愛したもののたったひとつの心のよりどころ、昭和遺産や!!　続けなあかん！　止めたらあかん!!　どうぞがんばって!!」

すると、会葬者からも声が上がった。

「そうや！　そうや！　和尚《おっ》さんの言う通りや!!　わしらのために続けたってや!!」

わっ！　と泣き出す女将をやさしい眼で見ていた住職が再び祭壇に向かった。そして、再び重厚な読経の中、焼香が続いた。

二十五、泣き虫の坊さん

「泣き黴雨《ばいう》」という言葉がある。梅雨じめりのうっとうしい気候のことである。そんな日の夕刻、知人から電話をうけた。

「今、知り合いが亡くなったんや。郷里《さと》から親御さんが来られるんやけど、ひょっとしたら君のところで葬儀を頼むかも知れんので、心づもりだけしておいてくれ」

一夜明けて連絡がないので、忘れかけていた頃に電話が鳴った。

「昨夜もめてなあ、親御さんは実家へ連れて帰って、あちらで送るいうてきかんのや」

聞いてみると、故人の出身は三重県の津市。親の反対を押し切って結婚した三十七歳の女性。公務員であった夫は職を投げ捨てて、手に手をとって来阪したとのこと。夫が職を転々とした中、妻として夫と子どもを支えるべく、スーパーの店員をして働いていた。

一人息子の翔太君は十一歳、成績優秀な見るからに聡明な顔立ちの五年生だと言う。もめている最中に言った翔太君のひとことですべてが決まったのだと言う。

「ママは僕を育ててくれるために一生懸命働いてくれて、そのために自分の体の中で起こっている事に気が付かんで、ほんでスーパーに行く途中で倒れたんやで！　ママと離れるのはいやや！　パパとママと三人で暮らしたここから、ママを天国へ送りたい」

彼女は出勤途中でクモ膜下出血で倒れ、病院で死亡確認されたのであった。

「わっ」と泣き出した彼の祖母は、「翔太の言う通りしよう‼」と強く言った。

涙まじりでいきさつを語ってくれた友人に、「わかった。俺が心こめて送ろう！」と言った。

地域の福祉会館を借りて葬儀を行うことになり、友達づきあいのお寺の若院《じゃくいん》（住職の長子、又は寺を継ぐ立場の人）を頼んだ。

「君、泣き虫やからお経の途中で泣いたらあかんで！」「わかっとるがな！」

そんな会話の後に葬儀式がいとなまれた。例のごとく導師の引導のあと、私のナレーションを流した。

「鳴尾浜の浜風が今年の夏を運んで来ました。この会館の庭に紫陽花が美しく輝いています。私たちは今日、人生半ばにしてみ仏に召され、やすらぎの世界へ赴かれる方をお見送りしなければなりません。あなたは今、こぼれるような笑みをたたえた祭壇のあのお写真のような美しいお顔でお柩に横たわっていられます。そのお顔の横にレモンイエローのカーネーションふた枝。それはあなたの一番心のこりであろう翔太君がそっと、でも健気に手向けられました……」

そこまで言って、ふと導師を見ると、早や、衣で涙を拭っていた。

二十六、星になったママ

七月がくると思いだす。あれは六年前の七月五日早朝、友人から電話があった。

「美雪ママが亡くなった！」

「うそやん！　なんで？」

「とにかく行ってみようや！」

急いで行ったのはカラオケスナック〝美雪〟。常連が三人駆けつけた。救急車で運ばれたのが昨夜十一時。営業中に倒れ、客が呼んだ救急車で県立病院へ運ばれたが、すでにこと切れていたという。心筋梗塞だった。

一人娘の翔子ちゃんは十四歳。母子家庭であった。先夫とは離婚したらしいが詳細は語らなかった。有名な書家の金澤翔子さんと同じ名を持つ、つぶらな瞳の可愛い娘さん。しかし彼女は知的障がい者であった。

母一人娘一人で、懸命に生きた母子。店の客はその娘さんを芸能人と同じように〝ジョコタン〟と

呼んでいた。

やがて病院出入りの業者が寝台車でママの遺体を運んできた。知り合いの運転手が、「ああ、あんたのお知り合いですか。そら安心や。後おまかせします」と去っていった。

ママの故郷は鳥取県。やがて親族がそろって来られ、ママのご両親が遺体に取りすがって泣き崩れられた。「やさしい娘でした。事情があって先夫と別れた後も、孫娘を支援学校に通わせ、一生懸命育ててくれました」

七月七日、折しも七夕の夕べ、通夜が近くの会館で執り行われた。

これまた常連の一人であった地元のお寺の副住職が導師となって、通夜の読経が始まった。

祭壇には、店に飾るはずであった七夕の笹飾りを左脇に立てた。

浄土真宗の聖典「正信偈《しょうしんげ》」の読誦《どくじゅ》の中お焼香が始まった、その時である。

「ショコタン」が唱歌「たなばたさま」を歌い始めた。祖父が静止しようとした時、導師のお経が止まり、副住職が振り向いて言った。「きょうは七夕さんや！　みんなで歌おうな。ママは星になるんやから！」

そして、そして、弔問客全員の合唱が始まった。

繰り返し合唱する。それがだんだん涙声になった。

いみじくも七夕の夜、三十九年の人生を連れて美雪ママは星になった。

二十七、二人分の命を生きる

六月二十四日は林檎忌《りんごき》、美空ひばりの忌日である。ひばりの名曲、大ヒットした「東京キッド」の歌詞に〝マンホール〟と言うことばがある。

マンホールとは下水管の分岐部だと思う人が多いが、それだけではない。地中を通る電話ケーブルや電力ケーブルの継手や分岐、そして保守のためでもあり、漢字では「人孔」と書く。

今から二十三年前、ちょうど林檎忌が過ぎて七月に入ったある日、電気工事会社に勤務する友人から連絡が入った。悲痛な声を聞き、ただごとでないと直感した私は急いで彼の勤務する会社へ行った。

「換気扇をつける前に人孔に入った電工が酸欠で倒れた。あわてて助けに入った者が、懸命に、倒れた者を助け、ロープをつけてみんなで引揚げて助かったんや！　ところが助けに入った彼も倒れて……」そして小さな涙声で、「助からんかったんや！」と言い〝わっ〟と泣き出した。

「酸欠」、酸素欠乏症という恐ろしい事態である。あまり知られていないがマンホールの中はおしなべて酸素のうすい状況なのである。普通は換気扇で換気し、酸素濃度測定器で確認してから入孔するのであるが、うっかり入ってしまったのはバイトの学生だった。

動転して思わず助けに入ってしまった彼は工事主任、責任感のなせるわざが、ミイラ取りがミイラになってしまったのである。

「よっしゃ！　心こめて送ろう！」

翌々日、梅雨晴れのやさしい風の中、近くの会館で葬儀が行われた。

多勢《おおぜい》の参列者の中、檀那寺である日蓮宗の老僧の心にひびく読経で式典がすすみ、続々と涙まじりの焼香が続いた。そして親族による止め焼香がすみ、導師が退場した。打ち合わせ通り、親族代表が並び、大学生の息子が代表で謝辞をのべた。

「父はお人好しと言われるほど、他人に心遣い出来るやさしい人でした。この度の事も、若いバイトの人を助け、自分が犠牲になりました。でもそんな父を私は誇りに思います」

そして一通の封書をとり出し、その手紙を読み出した。

「これは父が助けた彼、今まだ入院している彼の手紙です」

それには連綿と続くお詫びの言葉が述べられており、最後にはこう綴られていた。

『尊いあなたの命をいただいた私、あなたの分まで、二人分のいのちを抱いて人様のため命がけで生きてゆきます』

そして喪主の息子は柩の上にそっとその封書を置いた。四十六年の人生を人に捧げた故人は静かに旅立って行った。

二十八、襖の向こうで

この町の中核病院から要請のあったのは、梅雨晴れの空が茜《あかね》に染まる夕刻であった。すぐ寝台車を走らせてお迎えに行った。

霊安室に安置されているご遺体は、伸び放題の髭にどす黒い血が交じり、無惨な容貌であった。そのうちにご夫人とおぼしき人が死亡診断書を携えて霊安室に入って来られた。

「葬儀屋さん、よろしくお願いします。今、事務所で死亡診断書をもらってきました。役所への届けはどうしたらいいんですか」

「はい、届けは私どもが代行させて頂きます。それではお預かりしましょう」

診断書を見ると、消化器癌、原発巣は肝臓であった。

肝癌の末期によくある吐血、それは遺体になっても、じわじわと押し出されてくる。看護師さんが処置してくれるのだが、次から次へと噴き出すドロドロとしたどす黒い血が口許を汚している。

遺体を乗せた寝台車が到着したのは、北摂の美しいたたずまいの一軒家。庭に植えられた紫陽花が美しい色に輝いている。

「お髭を剃ってきれいにさせていただきます。それではそちらのお部屋で打合せをさせていただきましょう」と言い、同行の社員に、「君がご案内してお話ししてくれ。ご遺体をきれいにしてさしあげるから」と話し、そして小声で言った。「襖《ふすま》を開けたらあかんぞ！」

ご家族と社員が次の間へ入ったあと、まず、携帯して来た電気剃刀で髭を剃る、その間もぶくぶくと噴き出してくるドス黒い血液をぬぐいながらである。そして、そして、隣室との襖がきっちり閉まっているのを確認して、やおらご遺体の上にまたがった。体重をかけ、腹から胸へ押し上げる。ドス黒い血がどっと口から噴き上がる。何度も何度も力の限り押し上げる。胸の中で〝ごめんなさいね〟と呟きながら……。こんなところをご遺族に見せることは出来ない。やがて血が出なくなった。

「よし、これで荼毘に付すまでなんとか持つやろ……」

濡れタオルで何度も顔を拭い、洗面器の真赤な水を何度も入れかえ、最後にうすい紅いろの口紅をつけると、それはそれは見違えるような美しい顔になった。〝へえ～結構男前やなあ――……〟と思いながら、ご家族を呼んだ。襖を開けて入って来られたご夫人、お子様方、

「うわあ～、きれいになった。お父さんよかったね！　葬儀屋さんありがとう！」

ご長男であろう青年が言った。

「へえ～、おやじこんな男前やったんか」

暮れなずむ北摂の空が微笑んでいるようであった。

二十九、未練を断ち切る仏様

突然の電話だった。

電話の主はつい一カ月前、三十八歳だった最愛の奥さんを亡くされたご主人だった。

商店街の道路の角で乾物屋を営んでおられたが、六年前先代が亡くなられて店を閉められ、その一年後には先代の夫人も物故された。元々勤め人だった今のご主人は思い切って廃業され、いわゆる「しもた屋」であった。

乳癌が肺に転移して、惜しまれながら身罷られた奥さんを立派に天国へ送りだされたご主人。その電話の声は悲痛なものだった。

「えらいことになりました。家内を送り出したときに、お骨と遺影を飾りつけてくれはったあの後飾《あとかざ》り。蝋燭を絶やさんようにと娘に言うて出勤しましたんやが、娘が外で友達と話をしてるまに、開けた窓から風が入って蝋燭が倒れて火がついて、火事になりましてん。あっと言うまに全焼しました。幸い娘に怪我はなく、消防が早く来てくれたんで類焼もなかったんですが、もうあきまへん！　嫁の骨も消防の人に探してもろて、ちびっとだけ、それらしいものがありました」

私は言葉を失った。慰めるすべもない。

「もうじき三十五日の仕上げです。どないしたらええでしょうか。今は近くのアパートを借りてます」

「わかりました。事実を包み隠さず、三十五日におよびする人へ、お手紙を出されたらどうですか」

「あんた、その文面を作ってくれますか。お願いします」

引き受けた私の心に重くのしかかったものを押しのけるように次のような文章を作った。


「梅雨の晴れ間に覗く空はすっかり夏のいろです。皆様方におかれましてはお変わりなくお過ごしでしょうか。さて亡妻死去に際しましてはご丁重なるご弔意を賜わり、且つ過分なるご香志にあずかりありがとうございました。その後、皆様ご存知のように私共の失火による火災で全焼しご近隣皆様方に大変ご迷惑をおかけし、心からお詫びを申し上げます。

消防関係者のご厚意により焼跡から故人の遺骨だけは拾収しましたが、故人をしのぶすべてのもの何ひとつ残らず、ただ呆然と立ちつくすのみでした。

今やっと平常心をとり戻し、皆さまに愛されそして若くして逝った妻の魂をこの三界に迷わせることなく、すべての未練を断ち切らせるための仏様のおはからいかも知れないと思いはじめました。

（中略）愛憎悲喜すべてがいつか思い出にかわることを信じて、一生懸命生きてゆこうと思います。」

書きながら私は胸一杯になり、涙がこぼれた。

三十、この世に住む家賃

盟友の彼が逝ったのは、テレビのお天気キャスターが梅雨明け宣言をした朝であった。文明の音をかき消すように、朝蝉のかまびすしい鳴声が街を包んでいた。

末期癌で緩和病棟に入院していた彼から教えられたのは、「スピリチュアル・ペイン」ということばであった。「心の痛み」「魂の痛み」という意味である。

医学の進歩と共に、身体の痛みを緩和する薬剤や方策は日進月歩を見せている。しかし死と対面する患者の心の痛みを緩和するのは、医学とはまた別の分野かも知れない。

病院の霊安室で対面した彼の面差しは、それはそれは穏やかで、安らかであった。

側に付添っていた奥さんが言った。

「闘病生活三年余り。はじめは病気を受けとめられず狂ったように暴力を振るうこともありました。でも主人より後に発病された旧友の同級生を見舞いに行った緩和病棟で、その方が穏やかな終末を迎えられたのを見て、主人もここに移ってから本当に穏やかになりました」

翌々日、近くの葬儀会館を借りて通夜が行われ、私の常に心酔している浄土真宗の寺の住職が重厚な声で読経し、弔問客が焼香した。

その後の法話が弔問客を惹きつけた。

「〝死〟てなんでっしゃろな！」から始まり、死という一大事をうけとめる宗教的見地を朗々と語り、〝死は生の一部である〟ときっぱり言い切った。未来永劫に続くいのちを語り、生の一部分である肉体の消滅を〝死〟というのだ、だからいつか再び相まみえる事が出来る。それを倶会一処《くえいっしょ》と言うと……。そして最後に蓮如上人《れんにょしょうにん》のご文章《ぶんしょう》「白骨の章」を朗々と読み上げた。

しわぶきひとつない水を打ったような式場で、住職が言った。

「わしも故人さんと同い年ですねん、えらそうな事言うてすんまへん。そやけど、わしらこの世に住まわしてもろてますんや。住まわしてもろてんのやから家賃払わんならん。それぞれこの世に尽くす、思いやりとかやさしさとかが、その家賃です。故人は家賃のいらんとこへ行かはりました。仏さんのお家《うち》でっさかい」

住職が去られた後、「明日は告別式パスしようと思うとったけど、仕事休んで来るわ」、そんな人がたくさん居られた。

弔問客が去られた後、あらためてお香を焚いた。

五十九歳であの世へ引越した彼の遺影が微笑んでいた。

三十一、ありがとうの大合唱

熱血教師が逝った。

夏の朝、かまびすしい蝉の声に目覚めたとき、家の電話が鳴った。固定電話をあまり使わない近頃、固定電話の着信はほとんど仕事の話だ。

「県立病院へご遺体をお迎えに行って下さい」

宿直社員の声だった。社員を一人呼び出し、寝台車で病院へ向かった。病院の霊安室の前には三十代と思われる女性と、高校生と思われる男子生徒が四人、沈鬱な面持ちで立っていた。

やがて病院の職員がやって来て、遺体に向かって合掌して言った。

「お気の毒さまです。どうか安らかにお旅立ちになられますように。葬儀屋さん、よろしくお願いします。死亡診断書は九時以降にとりに来て下さい」

気丈にも、涙を見せず付き添う女性は故人のご夫人であった。

その女性は同じ市内の別の病院の看護師をしていて、たまたま夜勤明けに帰宅して夫の異変に気付き、すぐ救急車を呼んでこの病院へ運び込んだが、その時すでに息絶えていたと言う。死亡診断書には脳出血、死亡時刻は午前二時頃と記入してあった。

晩婚の二人にはまだ子どもがなく、体育会系の夫は熱血で知られる社会科の教師、体育会系のいろんなクラブの顧問を経て、今はテニス部の指導者として県大会に向けて特訓中だったと言う。

翌々日、居住地の多目的ホールを借りてお別れ会が営まれた。宗教宗派に関係なく、生徒たちの手によって企画されたお別れ会。もちろん我々もアドバイスし、花で飾った祭壇に、精悍な、でもやさしい眼をした遺影が飾られた。

開式の時間が来て、女生徒の司会によって式が始まった。

まず校歌の合唱で始まり、それが終ると、やおら舞台の祭壇の前に手作りの垂れ幕を持った五名の生徒が並んだ。幕には先生に贈る感謝のありがとうが書かれ、一人ひとりが大きな声で読んだ。

「あ」あつい心で、「り」りんり（倫理）を説いて、「が」ガッツをくれた、「と」戸田先生、「う」うしろ姿にありがとう！　そして全員声を揃えて「あ」「り」「が」「と」「う」と言った。参列者の涙の中で、今度は応援歌の大合唱が始まり、献花が行われた。

出棺の時間が迫り、柩の蓋を開き、一番にご夫人、次に校長先生が花を捧げ、そしてテニス部の部長がラケットを胸の上に置いた。

四十一年の人生を乗せた霊柩車がホーンを鳴らし、それに呼応するように、ひときわ蝉がしぐれた。

三十二、花嫁に送られて

こんなことがあっていいのだろうか。

でも、これは事実である。

一人娘の翔子さんは跡取り娘、本来なら養子を迎えるのだろうが、相思相愛の彼も一人息子。彼女の熱愛に心を動かされ、彼女の両親は快く嫁に出すことを決心した。

一人娘を愛した母親は、時にはやさしく時にはきびしく、すてきな女性に育てあげた。

お嫁に出すのにはずいぶん、心中に葛藤があっただろう。しかし先方の両親の人柄と、彼のやさしさに絆《ほだ》されて、決心したのであった。

そして彼が二十八歳の誕生日を迎える日に挙式することになった。

さて、結婚式を迎える一週間前、半年ほど前から胸に違和感を感じ、うすうす自分の体調が万全でない思いを抱いていた母親。せめて結婚式が終わるまで……と心に秘めていたのだろうが、夜、お風呂のしまい湯を浴びた直後、「うっ！」と呻いて倒れた。

「お母さん！　どうしたの!!」「おい！大丈夫か!!」……声をかける二人にすでに答える力もなく、

「救急車」と叫ぶ父親。すぐに市の中核病院へ運ばれたが、すでに心肺停止、医師の懸命の努力もむなしく今生《こんじょう》をあとにしたのであった。

　あと五日後に華燭の宴を迎える両家の親族、そして友人知人たくさんの見送り人に囲まれて葬儀が営まれた。涙にくれる両家の人々、そしてあまりにも突然の旅立ちに戸惑い、悲しみにくれる友人知人、葬儀会館が悲嘆の渦に包まれた。

　菩提寺の住職と脇導師の若院主の重厚な読経の中、涙々の焼香が終り、喪主の会葬御礼の挨拶には、やがて婿となる彼も並んで立った。しかし何故か娘さんの姿はなく、不思議に思った矢先、前代未聞のことがおこった。

　挨拶が終わり、最後のお訣《わか》れとなった時、やさしい音楽が流れた。それはさだまさし作詞作曲、山口百恵の大ヒット「秋桜」であった。

　すると、少しの間に、喪服の上に花嫁衣裳を羽織った娘さんが花束を抱いて出現した。故人の胸にそっと花束を置いた娘さんは、「お母さん…ありがとう……」と涙声で言った。そして、そして、娘さんの口許が音楽に合わせて動いた。やがて会葬者が、それぞれの思いをのせて一本一本花を捧げた。「秋桜」のメロディーが終りかけた頃、故人の友人でカラオケ仲間が叫んだ。「もう一回流してや！」。そして、そして、会葬者の合唱が始まった。

　心にしみるやさしい歌、「秋桜」に送られて母親は次の世に向かった。

三十三、間違えた告別式

梅雨が明け、炎熱の太陽が街を灼《や》くような昼下がり、葬儀依頼の電話を受けたのは若い社員だった。まず火葬場へ確認の電話を入れ、火葬の予約をする。

「明後日の一時をとりました」。一時とは火葬場へ入場し、火葬をする時間。したがって葬儀は十二時から一時までの一時間。これが普通である。業界では「十二・一」の式と簡略化して言う。

亡くなったのは尼崎市西北部に居住されていた人。地域の福祉会館で葬儀を行うことになった。古くからこの地に住み、地域の自治会の要職を永くつとめられたその人を送るのに、今はやりの葬儀社の会館ではなく、地域に密着した福祉会館を選ばれたのである。

お導師に迎えるのは西宮市の名刹、臨済宗のお寺のご住職。脇導師として若い僧侶二人をはべらせての仏式の葬儀である。

このお寺に葬儀の導師を依頼する時には、車でお迎えに行くのが恒例となっている。

さて、通夜もたくさんの弔問客を迎えて無事に済み、告別式当日、開式の十二時前には会葬の人たちで会場が溢れた。

その時である、寺から電話が入ったと私の携帯電話に連絡が入った。お迎えの車がまだ来ないとの事、すでに開式十分前である。急いでお迎えに依頼した個人タクシーの携帯に電話した。

「えっ！　一・二の式と違いまんのか！」。聞いてみると、若い社員が「一時」と連絡したとのこと。社員が火葬の予約時間を言ってしまったのだ。

「えらいこっちゃ！　今、客をのせて茨木に居ますんや！」

すぐお寺へ電話して「すんまへん！　手違いがありまして、タクシー拾うて来て下さい。料金はこちらで支払います！」

住職が若い僧侶を連れて来たのは十二時四十分、ざわつく会場で会葬者にお詫びをしている時だった。「前経《まえきよう》は止《や》めてすぐ普門品《ふもんぼん》に入るよって、すぐ焼香の案内《あない》せい‼」

住職の仰言る通り、すぐ会葬者の焼香を案内した。火葬場に三拝九拝お願いして、火葬場入場がおくれることの了解を得た。結局三十分遅れで出棺し、なんとか事なきを得た。

汗だくの一日が終り、翌日、喪家へタクシーの運転手を伴って、手土産持参でお詫びに行った。すると喪主さんが言った。

「岡山の親戚が遅れて来よったんや。道が混んでてな。お陰でぎりぎり焼香に間に合うた言うてよろこんでた、おおきに！」

汗がまた、どっと噴き出した。

三十四、原爆忌の挨拶

「西方の炎《も》える浄土に掌《て》を合わす八月六日広島の空」

十年前、八月六日に詠んだ私の歌である。

その人は喜寿を迎えた翌日他界された。

その日はまさに八月六日、原爆忌であった。

広島で生まれ育ったその人は、十六歳を迎えた誕生日の翌日、原爆に見舞われた。

しかし、たまたま島根の叔母の家に疎開していて難を免れたが、両親と妹は一瞬にして爆死した。

たまたま子宝に恵まれなかった叔母夫婦に大切に育てられ、やがて大阪の大学に進み、大企業に職を得て、充実した生涯を送り、少し早いながらも静かに今生をあとにした。

妻と一男二女を残した彼だが、彼の家にはいつも、原爆で生命を奪われた両親と妹の遺影が飾られ、いつしか家族にとけこんでいた。

北摂（大阪北部地域）の静かなたたずまいで生涯を終えた彼を見送るのには、ためらいもなく自宅

を式場にと奥さんが主張され、家族親族すべてそれに従った。美しい花祭壇をしつらえ、にこやかな遺影の横に、かつて原爆で生命を奪われた故人の両親と妹の写真も飾られた。

準備の都合や、遠い親戚の都合、そして火葬場の混み具合で、葬儀は八月九日十一時からに決定した。地元の大寺院の院主の導師により、荘厳なそしてやさしい式典が行われた。

庭に天幕を張り、その中に溢れるほどの会葬者を迎え、それぞれが、故人との思い出を胸に描きながら焼香し、別れを惜しんだ。

やがて、読経が終わり、焼香も終わって、最後のお訣《わか》れの前に、長男が御礼の挨拶に立った。

「皆さま、この猛暑の中、ご会葬下さいまして、誠に有難うございました。

父は少年の時に、あの忌まわしい戦争末期、広島原爆で両親と妹を失いました。お気付きでしょうか、祭壇には父と共に、その三人の遺影も飾らせていただきました。

そして、そして、皆様にお見送りいただきます本日、八月九日、父の葬儀の始まった十一時二分、あの長崎の原爆が投下されました。何という偶然でしょうか。父は最後に叫んでいるのでしょうか、戦争はだめだ！　この六十年余りの尊い平和を守りぬけよ！　あの悲惨ないくさを二度とくり返すな！と語ってくれているようです」

するると、会葬者の中から、「そうや!·そうや!」という声が聞こえた。

抜けるような夏空にひとひらの雲が、故人を迎えに来ているようだった。

三十五、お浄土へのお土産

「葬儀屋さん、いつものナレーションで送ってあげて下さい。故人は子どもの頃から、よう寺へ遊びに来てました。可愛い声で、〝お住持《じゅう》さんおはよう〟と言うて、にこっと笑うて……。こんなに早よう逝きよるとは……」とくすっと鼻をすすり上げたのは、浄土真宗の古刹《こさつ》の住職である。

亡くなったのは二十八歳の女性。神戸の宝飾店へ勤めていたのだが、近年、体調が悪くて殆ど休んでいたという。死亡診断書には突発性心臓機能障害と死因が記載してあった。

葬儀はお寺の本堂でいとなまれた。

ご本尊の阿弥陀如来を遮蔽することを避けて、本堂の脇にしつらえた花祭壇に着物姿の美しい遺影が飾られた。そして、会葬者の焼香は遺体にではなく、ご本尊阿弥陀如来に捧げる——。それが浄土真宗の正しい作法である。因みに本願寺派の焼香は一回のみ、み仏に捧げるのみである。同じ浄土真宗でも大谷派（俗にいうお東さん）は二回、仏に捧げ己《おのれ》を浄めるという意味とされている。

住職の言葉に従い、ナレーションを作製し「宗次郎」のオカリナの静かな曲をバックに語った。

「〝花のいろはうつりにけりないたづらにわが身世にふるながめせしまに〟小野小町の歌です。

水たまりひとつのこさず梅雨が駆け抜けて行き、真緒さん（仮名）のお好きだった夏空がやって来ました。雲ひとつないこの空の下、とうとうお別れの時が来ましたね。

故佐藤真緒さんゆく、行年《ぎょうねん》二十八歳。美しい海に育てられた真珠のように、職場で、家庭できらり輝いていた真緒さん。今日はこのゆかり深いお寺からお浄土へ帰るあなたを送ります。

あなたのために、こんなにたくさんの人が集まって下さいました。あなたにも見えますね。

昨日あなたはこのお寺の本堂で、お内陣の阿弥陀様に見守られながらお柩に入られました。最後にお母様が、二十数年前にそうなさったように、万感こめてそっとやさしくおふとんを掛けられました。そのとき、真緒さんの寝顔が『お母さんごめんね』と語りかけていられるようでした。

紫が大好きだった真緒さんに、夏咲きの『みやまりんどう』の花が二枝入れてあります。お浄土に着かれましたら、そのひと枝を阿弥陀さまに捧げて下さい。残りのひと枝は、私たちにこのすばらしい教えを下さった親鸞さまにあげましょう。

故佐藤真緒さん。その二十八年の春秋たくさんの思い出、ありがとう。今はもうゆっくりお休み下さい」

境内のあちこちで啜り泣く声がして、住職のお経が始まった。

三十六、いじめっ子のやさしさ

彼岸花が逆さ睫毛《まつげ》のように階《きざはし》の両側に花をつけはじめた初秋のお寺で、彼のお葬儀がいとなまれた。二歳年上の彼はいじめっ子であった。

昭和十九年、戦火が迫りくる夏に、私は大阪から疎開して三重県の山間部の田園地帯に住みつき、そこの小学校に編入した。

田舎へ行けばお米のごはんが食べられると思いこんでいた淡い希望は、たちまち覆《くつがえ》った。編入した小学校ではわら草履《ぞうり》ばきの子、運動靴をはいた都会の子……。すぐさまいじめの対象となった。

学校では満足な授業はなく、桑の木の皮剥ぎ、すすきの穂とり、竹槍の稽古等々。桑の皮は繊維に、すすきの穂は綿の代わりに、みんな軍服の材料であった。

その頃、食糧難、特に蛋白源の不足を補うために兎を飼い、その肉を貴重な蛋白源としていた。そして兎の飼料としていたのが田圃の畔《あぜ》に生えている雑草であった。兎の餌とりが日課で、いつも五、六人が集い餌とりをした。

そんな戦争も末期を迎えた六月のこと。米軍の艦載機が超低空で飛来して、パイロットの顔が見えるほどの高さで機銃掃射を始めた。耳をつんざく轟音の中、両翼の機銃が火を噴き、銃弾がブスッブスッと田圃に刺さった。

しかし、それは我々を狙ったものではなく、ただのパイロットの気紛れ、遊びであった。それ程、彼我の戦力に差があったのだ。

その時、私の上に覆いかぶさってくれたのがいじめっ子の大将の彼であった。飛行機が去り、私の体から離れた彼の眼には大粒の涙が光っていた。

やがて、玉音で戦争が終わり、次なる苦難が始まった。食糧難、闇物資の横行、学校では教育方針の転換による戸惑い……。命を失った何千万の兵士、そして民衆。この悲惨な行為を未来永劫に失くすために、我々戦争のひとかけらを知っている者が語り継がなければならない使命だと思う。

訃報を聞いて駆け付けたふるさとの寺の本堂で、花に囲まれた彼の遺影がにこやかに微笑んでいる。その皺深き顔が、「また、次の世で会おうや！」と語っているようで、思わず「もうじき行くで！」と呟いた。

初秋の風に彼岸花が階の横で揺れていて、プルシャンブルーの空にひとひらの雲が彼を迎えに来たように浮かんでいた。

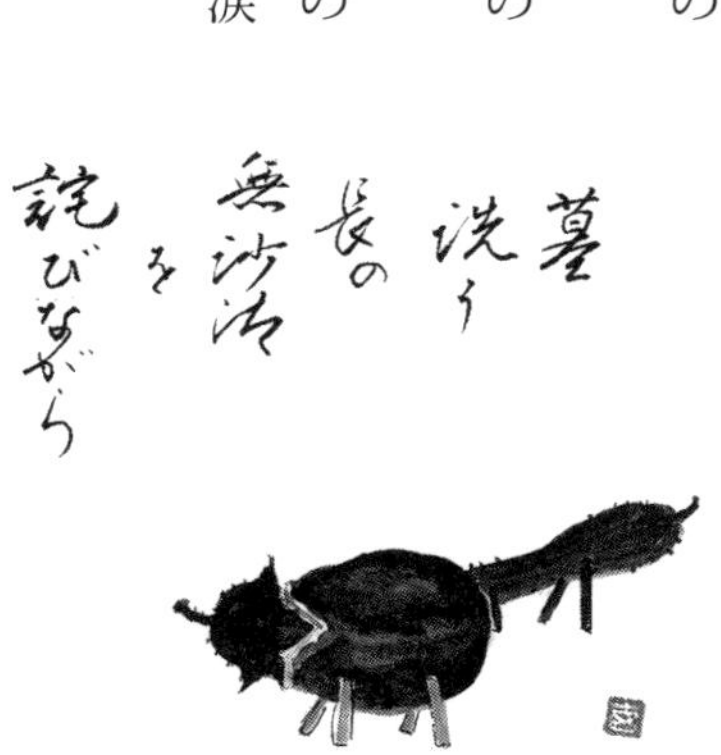

秋

三十七、お供はキティちゃん

神宮暦の中にある六曜星（六輝ともいう）の吉凶は、昔から民間でよく口にされる大安とか仏滅とか、今でもカレンダーに付記されているものも多い。宝くじ売り場でも「今日は大安吉日」と貼り出され、客を招《よ》んでいるのもよく見かける。

その中でも「友引」の日は葬儀をしないしきたりが昔からある。死者が友を引くと言って忌み嫌うのである。科学的な根拠があるわけではないが、不特定な休日しか取れない火葬場職員の休日として、友引の日を火葬場の休場にしている市町村も多い。

ひぐらしの声が聞こえはじめた夕刻、その電話はあった。

「今、お亡くなりになった方が居られます。葬儀社のお知り合いはないので、信用のおける葬儀社を紹介してほしい言っておられます。お宅なら間違いないからと推薦しました。すでにご処置は終わっています。お迎えに来て下さい」

知り合いの看護師長さんからであった。早速、病院へ向かった。左右にまるで水鳥のように並んでお見送りするナース。主治医も一緒になって見送ってくれた。

亡くなったのは十一歳の少女、小児癌で闘病八カ月の後、とうとう帰らぬ人となったとの事である。美しくエンゼルメークの施された顔は、ちょっぴり微笑んでいるように見えた。

「葬儀屋さん、家でゆっくりさせてから、式場へ連れて行きたいのです。生まれ育った家で一日、一晩ゆっくりさせたい……」「そうや！　そうしてやって下さい」と口を出したのは、故人のお兄ちゃんだった。

「四日の日曜日に葬儀をして下さい。私の関係も、学校の関係の方も、日曜だったらたくさん来てくれて、見送ってくれると思うんです」「いいですね！　そうしましょう」

ご自宅に安置して枕飾りをして、線香を立て蝋燭に火をつけ、辞去した。

「えーと、三日後、九月四日やな」。ふと見たカレンダー、「友引」とある。「しもうた！　友引や！」。すでにおそく、仕方ない。この市の火葬場は休場だ。だけど大阪市の斎場なら友引も休んでない。

「そうや大阪へ入ろう」。しかし他市町からの受け入れは火葬料が割増しになる。

「式場からの距離は大阪の方が近いくらいや！　しゃあない、火葬料の差額は俺がポケットマネーで負担するわ！」

式当日、予想した通り、大勢の見送りびとに送られて少女は旅立った。友を道連れにしないように「お友（供）人形」を柩に入れる。

彼女はお供にキティちゃんを連れて旅立った。二〇一一年九月四日（日）、友引の日であった。

三十八、般若《はんにゃ》の船に棹さして

暑かった夏もちょっぴり小さな秋の気配を感じる夕刻、蜩《ひぐらし》の声に季節のうつろいを幽《かす》かに感じていた時、電話が鳴った。妻の姉からであった。妻の姉の夫、すなわち義理の兄が急逝したというのである。

妻の出身地は三重県津市近郊の農村。今は津市に合併した風光明媚な町である。

明朝、急いで帰省した。義兄は急性心筋梗塞で、救急病院へ運ばれたが、心停止による死亡が確認された。

悲しみの中、葬儀の準備が始まった。

葬儀一式は農協（ＪＡ）の葬祭部門に依頼し、自宅から見送ることになった。

農協の職員が三名やって来て、打ち合わせが始まった。菩提寺の住職が来られ、枕経《まくらぎょう》をつとめられたあと、担当の農協職員に交って段取りを決められた。

しかし、私の眼からは何だか少し頼りなく感じる。それは無理のない事かも知れない。農協がはじめた葬祭事業。私たちの携わる葬儀の数より圧倒的に少なく、職員も不馴れなのは仕方がない。

「おじさん、アドバイスしてあげて」

故人の娘さんにたのまれてつい口を出した。

「ご納棺手伝いましょうか？　私も葬儀の仕事をしています」

一瞬戸惑った顔をした彼等も、「お願いします」と言った。

用意されたドライアイスを綿花で包み、白木の柩に白装束の義兄を納め、綿花を伸ばして三段に重ねる。それを頬の横に当てたドライアイスに重ね、更に額の上にも三段になった綿花を当てる。これは「仏」「法」「僧」に帰依し濁世《だくせ》を離れて浄土へ向かう意味が込められている。そして、綿花を裂いて紐状によって三つの輪を作り、それを二つ作って、額を覆った三段の綿花の左右に挟んだ。

「これは彼岸、すなわちお浄土へ向かわれる兄さんの三途の川を渡る船、『般若の船』。般若とは悟りの境地です。そのための大事な修行が六波羅蜜《ろくはらみつ》。波羅蜜とは智慧を以て彼岸、すなわち安らぎの世界へ渡るということです。『布施』『持戒《じかい》』『忍辱《にんにく》』『禅定《ぜんじょう》』『精進』『智慧』の六つを表わしているのがこの六つの輪です。今生《こんじょう》に思い出を残し、残した家族の幸せを願いながら、仏さまの国へ向かわれるのです。そしてそこは『倶会一処《くえいっしょ》』と言って、いつか必ず会えるところです」

啜《すす》り泣く声と共に、義兄の閉じた眼からも光るものが見えたのは私だけだろうか……。

三十九、グループホームで

「いつもお世話になります。またおひとり亡くなられました。よろしくお願いします」

電話を下さったのは、グループホームの施設長であった。

早速お伺いすると、玄関で迎えて下さった施設長。

「このたびもご無理をお願いいたします。一昨日、入浴中に倒れられ、救急車を呼んだのですが、運ばれた病院で心肺停止、死亡が確認されました」

亡くなられたのは八十七歳の老婦人。この人もご多分に洩れず阪神淡路大震災で殆どの家族を亡くし、たった一人残った妹も先年、このホームで他界したとのこと。

「例の通りお上《かみ》のお慈悲でこのホームでなんとか生活していました。お金がありません。どうかお助け下さい。せめて、みんなで心から見送ってあげたいのです」

「わかりました、心からお世話させていただきます」

私には、常々、このような場面を想定して心に描いていた事がある。柩はごく普通のもの、そして、霊柩車は費用がかかるので自社の寝台車で出棺する。

さて、ホームの皆さんとのお別れはどうしよう……。そして思いついた。生花に使う費用はない。そうだ！　寄せ書きをしてお花代りにしよう。百円ショップで折り紙を買って、それを半分に切って短冊状にし、入居者の皆さんに一筆ずつお別れの言葉を書いてもらって、お花の代わりに祭壇に捧げ、出棺の時、柩に入れよう。中には器用な方もいて、折鶴を折ってくれる人もおられた。

火葬日の前日に配った短冊、入居の方々が心をこめてお別れの言葉を書いて下さり、五十三名全員の分が揃い、折鶴も十二羽もあった。そして、これも百円ショップで買った色紙に、職員の方から送る言葉を寄せ書きしてもらい柩に入れた。

葬儀の日は、レクレーション室に柩を安置し、入居者みんな、車椅子の人も集まった。

「松子さん！　まっちゃん、ありがとな！」

ひと声かけて短冊を捧げるみなさん。

「松子さんの行かれるところは、いつか私たちも行くところ。いわば第二のふるさとです。さあ！　故郷の唄で送りましょう」

私の提案でみんなが「故郷」を歌った。大合唱の中、松子さんは心なしか、微笑みを浮かべたような顔で今生を後にした。

ホームの窓からは初秋のやさしい陽が覗いていた。

四十、やさしい灯り

「あれからもう二十一年になりますな」

偶然、久しぶりに会った柴田君。西淀川区のお寺での法要の場である。柴田君は十一歳下の同業者、今も現役である。

「そう言えば二十一年前の昨日やったな」「そうや、暑い日やった」

それは新婚間もない青年の死、事故死であった。電力会社の下請けの土木会社の新鋭技師だった。阪神淡路大震災で被害をうけた電力の配電施設、特に地中ケーブルの設備はその修復が大変であった。灼熱の太陽が燃える昼下り、破損した地中ケーブルの分岐接続点であるマンホールを修復する作業に、現場指揮者として懸命に取り組んでいた彼を、思わぬ不幸な出来事が襲った。

半壊したマンホールの外郭を掘削して補強する作業。使用する電動工具の電源確保のために電柱に登り、電線を接続するのである。ただ一人電気工事士の資格を持つ彼が梯子で電柱に登った。

その時、そばに待機していたショベルカーの下の地面が不意に陥没し、傾いたショベルカーが電柱に激突、そのショックで梯子が外れ転落した彼。不幸なことに、彼の頭がショベルカーの角に当たって失神、頭部から噴き出す血、すぐ運ばれた救急病院で死亡が確認された。

その経緯を語る同僚の横で、眼を泣き腫らした奥さんのおなかは少しふくらんで子どもを宿していた。

葬儀は真宗の大寺院で営まれ、会社関係の多勢《おおぜい》の参列者で荘厳に行われた。

重厚な読経の中、焼香の列が続き、やがて読経が終り、僧侶が退出されたあと、同僚による弔辞が読み上げられた。それは故人の真面目な生き方を讃えるものであった。

そのあと、家族を代表して挨拶に立ったのはなんと若嫁さんであった。

「彼は震災の復興のため寝食を忘れて努めました。そんな彼を誇りに思います。そして、私のおなかには彼の子どもが宿っています。この子をしっかり抱いて、誰が何と言おうと、この子と彼の思い出と共に生きて行きます」

「そう言えばあの子も今年成人。きっと立派に生きてゆくだろう」

そんな話をしている私たちを、お寺の本堂の灯りが包んでくれた。やさしい彼が届けてくれたような温かい灯りだった。

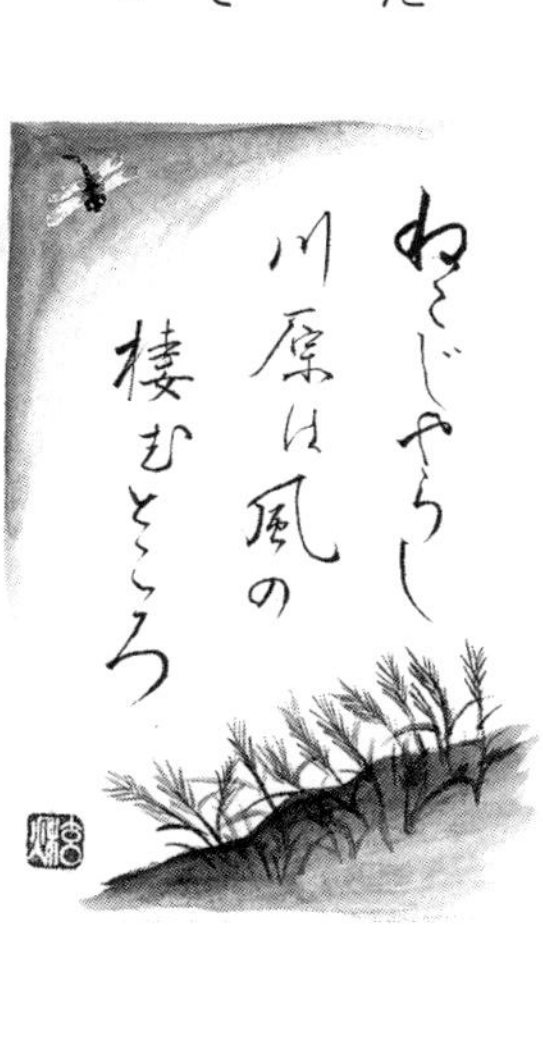

四十一、大仕事

「申し訳ないことです。たまたま個室も、特別室もふさがっていて、おまけに今日は霊安室も空いてなくて、救急で来られた会長をお受けする準備も出来なくて、こんな状態です。せめて貴方のところで丁重にお送りして下さい」

副院長が悲しそうな眼で言われた。

市の中核病院、大著名人は八人部屋の狭いベッドで安置されていた。

「仕方ありません。いつもお世話になっていた病院です。本人もここで最後を迎えて満足でしょう」。

付き添っていられたご婦人は亡くなられた方の奥様であった。

とりあえずご自宅へお送りし、ご安置することになった。芦屋市の高級住宅地に、ひときわ大きく構えられた屋敷。門から玄関まで寝台車が入り、仏間に安置した。

するとそこへやって来たのは、最近大きく需要を伸ばした大手葬儀社の社員。留守を守っていた家族が連絡をとっていたのだった。

「ほな、よろしゅうね」「ありがとう、ご苦労さまでした」

そんな会話を残して、玄関を出ようとした時、チャイムが鳴って玄関が開き、「やあ、このたびは残念なことで……」と入って来られたのは臨済宗の大寺院の大和尚。

「やあ、久しぶり、あんたにお世話になるの？　よかった、よかった。ああ！よかった」

「お久しぶりです。ご壮健のご様子、うれしゅう存じます。そやけど、このたびは私んとこやないんです。あちらにすでに大手の会社の人が来たはります」

「なんでや！　ちょっと帰るの待っとってや」

何度もおつき合いして、それこそ肝胆相照らす語らいをして来た和尚さん。しばらくして大手の社員が玄関に来た。

「和尚《おっ》さんが、あんたのとこで世話してもらえ言うてきかんのや！　よろしゅうたのむわ」

「えっ！　ほんまでっか。申し訳ありません。またご挨拶に伺います」

市の北西部に位置する大寺院の大伽藍で、この大著名人の式が実現した。

脇侍《わきじ》の式衆《しきしゅう》五人を従えて荘厳な二時間の式典が行われた。通夜式、葬儀式を弔問会葬された方は千四百三十名、大寺院の敷地一杯に天幕を張って受け入れた。

百日紅のゆれる寺苑、初秋の抜けるような空の下、朗々と流れる読経、しーんと静まり返った式場、私は心を込めてマイクを持った。これが私の葬斂屋としての最大規模の仕事となった。

四十二、通訳付きの司会

今を去ること二十数年の昔のことである。尼崎市内商店街に店を構えるスーパーマーケットに火災が発生し、全焼した。

中にいた客の大勢が被害を受け、そのうちの十五人の方が焼死された。未曽有《みぞう》の大事件であった。ご遺体は市内の寺院の本堂に次々と運び込まれ、その中に少年の遺体が二体。兄弟であった。スーパーの最上階にあったゲームセンターでゲームをしていて火災に巻き込まれたのであった。

寺の本堂で遺体を清拭して納棺し、送った自宅は市内で著名な焼肉屋さんであった。グルメ雑誌にも紹介されている、美味で有名な店。朝鮮半島出身のご主人とその家族。大切な息子さん二人を同時に失ったご家族に悲泣が奔《ほとばし》り止むことがなかった。

三日後、葬儀が営まれた。

店舗内の椅子や卓を一時撤去し、祭壇を組んだ。同時に二人の柩を安置し、一度に二人の葬儀をするのは初めての経験だった。しかも本国のならわしに従っての儀をと要請され、戸惑いが我々を包んだ。

当日、新聞各社の報道陣がわっと押し寄せた。その理由の一つに、この店に縁《えにし》ある有名人が弔問されたからである。それは有名な映画監督と夫人である名女優であった。

故人ご家族の母国のしきたりと、日本の葬送儀礼をミックスした葬儀を企画した。

司会を担当する私と打ち合わせをされたのは、朝鮮総連の方々。私の司会をその都度、母国語で通訳されることになった。

日本在住の母国の方々、全国からお見送りに来て下さった総連の方々、もちろん近隣の方々や、この店の味を愛して止まない顧客も、この悲しみに寄り添って集まって下さった。

式が始まり、私の一言一句を即時通訳して下さる方、二人並んでマイクも二本、こんな経験は前代未聞、式中緊張でマイクが震えた。

出棺の際は霊柩車のうしろに茣蓙《ござ》を敷き、しきたり通りの供物を飾り、民族衣装の女性が数人、結《けっ》跏趺坐《かふざ》に近い形でお見送りをする。あちこちで悲泣の渦巻く中を霊柩車は静かに発進し、悲しみのトーンが後を引いた。

後日、葬後のいろいろな手続きや、納骨の相談に伺ったときのことである。

若い命を召された二人を心から愛されていた祖母の方が私の手を握り、撫でられて、「この手で孫の世話をしてくれたんやね。ありがとう！　ありがとう!!」と言われた。

無事送れた安堵で私は胸一杯になった。

四十三、火葬炉の前で

「イヤッ！　イヤッ！　そんなんイヤヤ！」

火葬炉の前に安置した柩の前で、残されたひとり息子がへたりこんだ。

「お母ちゃんが燃やされるなんてイヤッ！」「なんもしてくれんでもええ、ごはんも作ってくれんでもええ、おってくれるだけでええんや！　もうわがまま言わへん！　燃やしたらイヤヤ！」

母ひとり、子ひとり。早逝した父親を追うように旅立った母。夫と死別してより四年半、父親に代って懸命に働き生活を支え、息子を育てた母。自分の体の中で巣喰う病魔に気付かず、職場で突然倒れ帰らぬ人となった。

心臓の冠動脈の狭窄に気付かず、度々の胸痛も、過労のせいと思いこんでいたのだろう。突然起こった異変、心筋梗塞であった。

職場の同僚が救急車を呼んだが、たらいまわしの末、辿りついた救急病院で死亡が確認された。

故郷の福岡から駆けつけた両親や、同僚たちで悲しい通夜が行われ、悲泣の渦巻く中で告別式が営まれ、霊柩車がバスを引きつれて火葬場に到着、炉前の読経、焼香が終わり、いよいよ柩が火葬炉へ入ろうとした時だった。泣き叫ぶ息子を抱きかかえたのは住職だった。

「悲しいなあ、泣いてええで。でもな、お母さんは一生懸命君を育ててくれはった。お母さんは仏さんのとこへ行かはるんやで。それにはな、この世でいろんな汚れをまとった体を焼いて、きれいな、きれいな骨になって仏さんのとこへ行かはる。ほんで、未来永劫に仏さんのそばで生きつづけはるんやで」

「おじいちゃんも、おばあちゃんも、君も、いつか行くところやで」

抱きおこされた息子は涙で濡れた顔で頷いた。炉の扉が閉じられた時、また「わっ！」と泣きながら住職にしがみついた。

あれから二カ月、たまたま別の葬儀でお会いしたご住職が、私に一通の手紙を見せて下さった。

「ご住職さま、母の葬儀にはお世話になりました。あの時、悲しみのあまり泣き叫ぶ私をやさしく抱いて下さった、あのぬくもりを忘れません。この頃やっと冷静になって、母の生涯を見つめ、心からありがとうと言って仏壇に手を合わせるようになりました。

ここ福岡で祖父母と暮すようになって、こちらの美しい風土につつまれて、あらためてご住職にお礼を言いたくて手紙を書きました。そうや！　あのときの葬儀屋さんにもよろしくお伝え下さい」

小学生とは思われぬ、美しい文字であった。

四十四、橋渡しのおっちゃん

葬儀の形態も時代と共に変化し、多様化してきた。

直葬、家族葬、散骨、樹木葬等々……。それぞれの葬祭業者がしのぎを削って宣伝している現今である。しかし、そのいずれにも必ず行わなければならないのが火葬であり、今の日本には埋葬は認められていない。

ある火葬場に「橋渡しのおっちゃん」と言われている人が居る。市の嘱託職員の一人であるその人は、葬祭業者なら誰でも知っている六十近くの小柄な人である。

葬儀、火葬、そのあとは必ず拾骨（収骨とも）がある。〝骨あげ〟とも言われる行事である。

以前はかなり時間のかかった火葬も、火葬炉の高性能化で今では随分短時間になった。

一般的な拾骨の作法としては、先ず喪主が箸を持って骨片を拾って骨壷に収め、そのあと随行した遺族親族、そして特別に同行した友人知人などが骨片を拾って壷に入れる。

一般的には関西では「本骨」と「胴骨」と言って、小さな壷と大きな壷に分ける。小さな本骨壷は菩提寺の納骨堂に納め、大きな胴骨壷は墓に納めるのがならわしであるが、現今は墓地事情によって必ずしもその通りでない。本骨壷に、最後に喪主が「のどぼとけ」（喉仏――頸椎の一部で僧が座禅している形の骨）を入れて終了する。

その拾骨の手順を案内するのは火葬場の職員である。

火葬済みのまだ熱い遺骨を前にして、憔悴した遺族にやさしく案内するのは「橋渡しのおっちゃん」。「さあ皆さん、ありし日のお姿をしのびながら、心安らかにあちらの永遠の世界へお送りしましょう。さあお箸をお持ち下さい。故人さまはこの世とあの世を区切る三途の川を渡って向かわれます。尊いご遺骨をどうぞお二人で一つのお骨をつまんで、お壷に運んでお入れ下さい。箸と箸をつないでお骨を運ぶ、これを箸渡し（橋渡し）と申します。

最後に喉仏は喪主さまとお子様で協同作業で箸渡しして下さい。どうか無事にあの世へと着かれますように、お祈りしましょう」

そして、「残りましたお骨は、福井県のお寺へ納め、ねんごろに菩提を弔います。最後に皆さまで合掌礼拝し、安らかにお眠りになりますよう念じましょう」

葬儀の最後のしめくくり、拾骨の儀を心こめて案内する「橋渡しのおっちゃん」、どうかいつまでも元気でいて下さい。

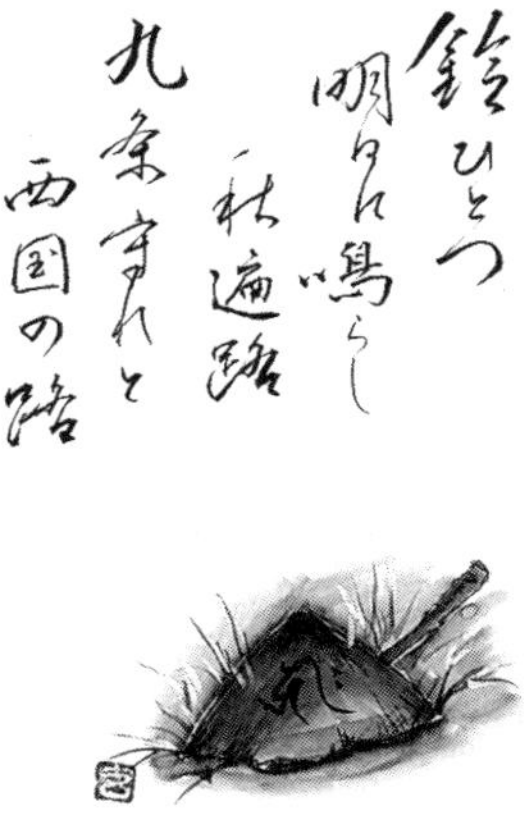

四十五、納骨は一心寺

大阪市天王寺区逢阪《おうさか》、上町筋《うえまちすじ》から松屋町筋へ西へとつなぐ道に一心寺がある。阿弥陀如来をご本尊とする浄土宗の名刹《めいさつ》である。

何といっても珍しいのは、禁酒、断酒祈願の寺で、わが国でもこのお寺だけと言われている。もうひとつ有名なのがお骨仏である。納骨された遺骨を粉砕し、接着剤で練り固めて仏像を造り上げる。本尊阿弥陀如来の像である。十年に一度、貯留した何十万人の遺骨で一体造り、戦前よりの歴史ではすでに十何体が造られているとの事であるが、戦災で焼失したものが何体もあるそうである。

夕空に赤とんぼが舞う秋の夕刻、電話が入った。

「今、母が亡くなりました。どうしたらええかわからん言うたら、看護師さんがこの電話番号を教えてくれはりました。相談してみなさいと言わはりました」

若い女性の声に、急いで病院へ駆けつけた。救急棟に案内されて入ると、そこには高校の制服を着た女の子が泣き腫らした眼で立ちすくんでいた。亡くなったのは母親だとひと目でわかった。

聞いてみると、母一人娘一人、アパート暮らしで、母は近所の食堂で働いて娘を育てていたとの事。仕事中突然頭痛を訴えて倒れこみ、クモ膜下出血ですでにこと切れていたとの事。たどたどしく語る少女の目から涙がとめどなく流れた。

翌々日、民生委員の世話で、地区の福祉会館でささやかな葬儀が行われた。私の知り合いの僧侶にたのみこんで殆ど無料《ただ》で読経をうけ、送り出した。

「熊本に親戚がいてるらしいけど、何にもわからへん。父親も離婚してから行方不明です」

母親似のかわいい眼をした娘さんに私は言った。

「お母さんは一生懸命あんたを育てて、もう安心や思うて仏さんのとこへ行かはった。あんたは一人やない、お母ちゃんが仏さんになって見てくれてはる」

後日、私は娘さんを伴って一心寺へ行った。故人の喉仏を納骨するためである。

「お母さんは、ここの骨仏の一部になるんや、そして大勢のお参りの人が手を合わせてくれはるんやで！」

肩を抱いてやさしく話す私に娘さんは言った。

「おっちゃんがお父さんやったらええのに」

再び娘さんの肩を抱いた私の眼から涙が湧いてこぼれた。

四十六、お供は借用書

「会田さん（仮名）が来はった。どないしょう」「なんと言うてお詫びしようか」

家族一同が戸惑いを見せた。

「誰かが知らせてくれはったんやな」

すっかり飾り終えた葬儀場。にこやかな遺影の前に柩が安置され、質素ながら花を主体にした祭壇の前に集まった親族がざわめいた。小さな建設業を営んでいた店主、癌細胞に蝕まれた体で懸命に働き、とうとう終末を迎えたのは六十四歳であった。

「えらい早うおましたな」

そう言って手を合わせた会田さんに、故人の息子と故人の嫁がいきなり土下座した。

「えらいご迷惑をかけて申し訳ありません。ご無沙汰ばかりしまして、ほんで、助けてもろたお金もいまだお返し出来ずに逝ってしまいました。お借りしたお金は私たちが身を粉にしてでもお返しします。お許し下さい」

「まああええがな」と手を振った会田さん。

実は三年前、倒産寸前の店を救ってくれた人であった。三百五十万円の援助を受け、貸借契約、すなわち借用証を渡していたのだった。しかし、仕事はますます減少し、返済日を過ぎても到底目途がつかず、疎遠のまま逝ってしまった。

つい連絡を避けるようになって一年余り、その間、農業を営んでいる会田さんも決して裕福ではないのに、小学校の親友というだけで一向に催促もなく、それをいいことにして今に至ったのだという。

葬儀はいにしえの友達や、近隣の人々、また同業者も出席し、立派に見送りの場が充実した。先祖からつき合いのある真言宗の僧侶が心ゆさぶるような大日経を唱えて下さり、厳粛な式典が続く中、お焼香の列が続いた。

やがて式典が終了し、柩を祭壇から降ろしお別れの刻《とき》が来た。

長男が涙まじりで途切れ途切れながら、会葬御礼の挨拶を行い、次いで柩の蓋を開いて親族はじめ、参列者がお花を入れる。たくさんの花で柩が埋まり、間から故人の安らかな顔が覗いている。

その時であった。会田さんがやおらポケットからとり出したものを、柩の胸元に置いた。なんと、それは三百五十万円の借用書であった。「これ、お供に持って行きや！　ほんでわしのこと忘れんとってや！」と言った。

思いがけないやさしさに、故人の奥さんは〝わっ!!〟と泣いて会田さんに抱きついた。

竹馬の友のやさしさに包まれて、故人は六十四年の今生をあとに旅立った。

四十七、猪のお見送り

神戸市東灘区、住吉川沿いに山間の小径を辿ると、右手にあるのが甲南斎場、神戸市の火葬場のひとつである。ここではちょっと珍しい作法がある。

たいていどこの火葬場でも、柩を火葬炉に入れる前に焼香して合掌をし、宗教によっては読経や祝詞《のりと》、または十字を切ったりする。ところがこの斎場では樒《しきみ》の枝を水に浸し、それで故人の柩を潔める作法を行う。見送り人が一枝ずつの樒で心を込めて遺体の安置されている柩を潔める。そんな作法を行う珍しい斎場である。

もうひとつ、この斎場は山の中にあるので、時々、猪が現れる。時には「うり坊（子猪）」を連れた親子が訪れる。いつか、ここの職員さんが干し甘藷《いも》を与えたことがあり、それから時々現れるとの事である。

急逝と言えるかどうか、その人が他界されたのは秋たけなわの頃、僅か一カ月の闘病で逝かれた。大腸に癌が見つかり、すでに手遅れであった。

喪主の長男家族、次男家族、長女家族に囲まれ、立派に葬儀は行われた。

ただ、二人暮らしが長かった故人ご夫妻、未亡人となられた故人の奥さんは、傷心のあまり鬱状態、言葉少なく笑顔が全く見られない。そんな日々が続いていた。

「おばあちゃん！　元気出してや、僕等がついてるやんか!!」。孫の励ましにも無言の日々。とうとう一言のことばもなく葬儀は終り、火葬場には二台のバスで親族がお見送りに来た。

最後のお別れをして、柩が火葬炉に入り、茶毘《だび》に付されるまでの時間。御斎《おとき》（法要の際の食事）を済まそうと、バスにまた乗り、市内の料理店に向かおうとしたその時、駐車場に小さな動物の姿。うり坊であった。そして、その後から親猪が現れた。

「わっ!!　いのししや!!」。孫たちの喚声に、みんなの眼が集まった。すると長男が言った。

「おい！　おやじはたしか大正十二年生まれやったな。そうや亥歳や、いのしし歳や、猪がお見送り、いや、お別れに来てくれたんや！」

みんなの心にほっとあたたかいものが湧いたとき、孫が大声で叫んだ。

「おばあちゃんが笑うてる!!」

長い間、笑顔を見せなかった故人の奥さんが、なんとも言えぬ笑顔を見せた。

「いのしし君ありがとう。うり坊おおきに！」

思わず長男が拍手し、みんなが拍手した。うり坊を連れた猪は「ほなさいなら」と言うようにお尻を向けて去って行った。

四十八、収骨のときに……

「窓は全部割れてあらへん。乗客は鈴なりや。闇屋は食糧難につけこんで、なかば恐喝みたいに農家から米を買い上げよるんや！　ばあさんは疎開して来た子やったから食べるものがあらへん。わしゃ十五歳、ばあさんは十三歳、食べ盛りや。その頃のばあさんは痩せ細って青白い顔をしとった」

火葬場の待合室。訥々《とつとつ》と話しているのはつれあいを亡くした老人。今、まさに荼毘《だび》に付されている老女の夫であった。

「昭和二十年の秋ごろやったな。進駐軍のジープが来よってな。チューインガムくれるいうので子ども等が寄り集まって、取り合いや。まるで餓鬼やった」

「そやったな！　わしもその頃六年生やったからよう覚えてるわ！」

故人の従兄弟が相槌を打った。その時、待合室のドアが開いて火葬場の職員が顔を出した。

「お待たせしました。火葬が終わり収骨の準備が出来ましたのでご案内いたします」

火葬炉から引き出された遺骨は、収骨室に安置されて、お骨あげが行われる。休憩室をあとにして収骨室に入る。

「皆様お疲れ様でございます。故人様は美しいお骨になられました。それではご収骨のご案内を致します。皆さまお箸をお持ち下さい。ご遺骨は足許から順番に大きいお壷、胴骨に納めていただきます。不肖私がご案内いたしますので、お骨はお二人でひとつをつまみ合いお壷に納めます。これを『箸渡し』と申します。三途の川の橋渡しの意味がこめられています。皆さまによって各部位のお骨をすべて納めていただき、そのあと本骨壷と言って小さな壷に足許からおつむまで、小さくしたお骨を納め、最後に喪主さまにのど仏さんを納めていただきます」

箸を持つ手がふるえながらも、箸渡しで納める遺族。

「おばあちゃん、ありがとう！」「みちえさん、ええとこ行ってや。ほんで待っとってや！」

それぞれに言葉をかけながら箸をすすめる。

最後にのど仏を納めた喪主の老人が急に涙し、泣き声で叫んだ。

「みちえ!!　おおきに！　お前と一緒になって幸せやった。もうじき俺も逝くで!!　もうじきやで!!　待っとってや!!」

そして言った。

「あと何年、いやあと何日生きるかわからんけど、この世の置き土産にわしは叫ぶ！　あの頃のことを！　戦争はあかん!!　戦争はあかん!!　あかんのじゃ!!」

収骨室を出るとやさしい秋の黄昏が待っていた。

四十九、献体の意志の成就

「大阪大学白菊会特志解剖体追悼法会」という追悼法要が勤《ごん》修《しゅう》されるのは十一月一日、大阪四天王寺で行われる。

「そんなん、いややん！」

襖の向こうから涙声が聞えて来た。

「お父さんの体が切り刻まれるのなんか、耐えられへん！」

「それでも、お父さんの固い意志やったんやから仕方ないやんか！」

どうやら他界された人の娘さんと、その母親すなわち亡くなった方のご夫人のようだった。

暑さがちょっぴり退き、凌霄花《のうぜんかずら》の花が夕風に揺れる庭にご遺体を乗せた寝台車が到着したのは、芦屋市東部の住宅地の一角にある瀟洒《しょうしゃ》な一軒家であった。数年前から阪大病院で闘病されていたご主人が他界されたのである。

故人はかねてより、病院の献身的な医療行為と充実した看護態勢、特に心からの看護師さんの対応にいたく感激し、自らの強い意志で献体を申し込まれ、ご夫人や近親者も同意しておられたのである。

白菊会では身罷《みまか》られた……すなわち献体の意志が成就されたという意味で「成願《じょうがん》」と言う。自宅の庭に面した部屋でご遺体を安置し、その部屋に祭壇を設置し、花を主体にした美しい飾り付けでお見送りをすることになった。

翌々日、市の南部にある真宗大谷派のお寺から住職を迎え、葬儀が営まれた。

「お骨はしばらく帰って来ませんが、ご遺影を中心にして後飾《あとかざ》りを致します。故人様の尊いご意志を心から尊敬し、心からご還浄《げんじょう》（み仏のもとお浄土へ安住）されることを念じます」

やがて医学部さしまわしの寝台車がお迎えに来て、故人は貴い使命をもって旅立った。

あれから三年半余り、一通の手紙が届いた。

「今日父の遺骨が帰って来ました。文部科学大臣の感謝状と、大学からの感謝状もいただきました。崇高な父の遺志に反して駄々をこねた私が今更ながら恥ずかしい思いです。その節はやさしく慰めて下さったことを思い出して感謝の気持ちでこれを書いています。これからは尊敬する父の心を継いで、世のため、人のためになるような人生を歩んで行きます。ありがとうございました」

十一月一日、四天王寺の追悼会に、私も参加しようと心に決めた。

五十、研修医の旅立ち

突き抜けるような紺碧の空にいわし雲が浮かび、秋もそろそろ背を向け始め、冬将軍にバトンを渡そうとしている、そんな空を見上げながら病院の中庭で時をすごしていた。

葬儀依頼ですっとんで来た大学病院。

「葬儀屋さん、えらい早かったね」「まだ処置が終ってないんよ」「それから親御さんが三重から来はるのを待っているんよ」

亡くなったのはこの病院の研修生。一週間ほど前に体調が悪いので休みます……と言ったきり連絡が途絶え、同僚の学生が様子を見に行った。1DKのアパート、窓が開いていたので覗いてみるとベッドの脇に倒れていたと言う。急いで家主に連絡をとり開けて入ると、彼のそばに嘔吐のあとがあり、既に脈はなかったとの事。急いで救急車を要請して病院に運びこみ、死亡確認された。

死因に不審な点があるので行政解剖をという声もあったが、主任教授がひと目で心筋梗塞と診断した。嘔吐は心筋梗塞のときのひとつの症状でもあるとのことであった。遺体は解剖することなく、MRIやCTなど最新の機器で診断し、心臓の壊死が判明し死因が確定した。

しばらく待っている私たちに「葬儀屋さんお願いします」と声がかかった。親御さんが到着されたのであった。

「なんで！　なんでなん！」「俊宏！　もういちど起きてくれ！」。悲痛な声の中、遺体の顔はきれいに拭われているものの苦痛に歪んだ頬は無念を物語っていた。

「葬儀屋さん、連れて帰るから手配して下さい」。悲痛なまなざしの父親が言った。

すると「ちょっと待って下さい！　せめて一晩だけでも私たちにお別れの時間を下さいませんか。救急病棟で睡眠不足になりながらも、共に一生懸命すごした仲間です。せめてお別れの時間を下さい。ほれ！　あそこで眼を腫らしている彼女。あの娘は彼の恋人だったんですよ！」

するとその女性がわっと泣き出した。

結局、一晩をこちらですごすことになった遺体は、学部のひと部屋を借りて安置し、同僚が捧げた花束が柩の上に山盛りになった。夜を徹し、交代で柩に付き添った同級の院生に見送られ、翌朝遺体は大学を出て、故郷へ向かった。

出発直前、教授が来られ、「残念だね！　でも君がお世話をして見送ったクランケ（患者）の人たちがあちらで迎えてくれるよ！」

そして、夜を徹してそばに付き添った彼女の肩に手をかけて、「元気を出してね……」と言われた教授の眼にも光るものが見えた。

五十一、剃り落とした髭

よく知られている言葉に「エンゼルメーク」と言う言葉がある。天使の化粧という意味で、亡くなられた女性にほどこす死に化粧ということであるのは、周知の事実である。

それでは男性の方にはどう表現すればいいのか、いまだに曖昧である。

男性も、長らく病床にあって終末を迎えられた方は髭が伸びる。それを剃ってあげて少しでも美しい死に顔にしてあげるのも、おくりびとの仕事である。

その方は五十四歳、末期癌を発見されてより七カ月入院の後、臨終を迎えられた。建設会社の中堅社員であった彼は、親しみやすい笑顔と、うすい口髭がマッチして、なんとなく醸す雰囲気が客の心を掴み、接客にはとても評判がよかったと言う。

指定された葬祭場が詰まっていて、自社の霊安室で一日預かることになった。ご自宅は団地の七階、古い団地にはエレベーターはあっても、ストレッチャーを収める設備がなされていないからである。

霊安室までご一緒された奥様やご子息、娘さんが、一旦帰宅されたあと、ご遺体をあらためて清拭した。一応病院でナースの方が清拭して下さるのだが、時間が充分あるので経帷子《きょうかたびら》をお着せする前にもう一度丁寧にとの心づかいであった。

　そして、痩せた頬に伸びた髭を剃ってあげる。これもなかなかむつかしい仕事である。生活反応の消滅した肌は弾力が失われ傷つきやすい。若い社員が心こめて髭剃りをして、見違えるようにきれいな顔になった。

　そのとき「遺影が出来ました。男前でっせ」と別の社員が持って来た遺影と、遺体の顔を見て、あっと驚いた。

　にこやかな遺影にたくわえられた口髭を落としてしまった。伸び放題になっていた無精髭に紛れて、あまり濃くなかった口髭も剃り落としてしまったのである。

　眠れぬ一夜をすごし、翌日、事の次第を打ち明け平身低頭で謝った私に、娘さんが言った。

「あの髭、家族ぐるみで反対したんです。本人もあまり好きでなかったみたいです。でもある日急いで鼻の下だけ剃り忘れて出勤したら、みんなの『可愛いやん！』と言う声と、社長が『それ、ええよ、これから客に会うとき、貫禄があっておもろいやん』と言うことばで決心して伸ばしはじめて、まだ三年しかたってません。やっと素に戻れたお父さん、きれいな顔で天国へ行けてよかったね！」と泣き出した娘さん。私は肩の力が一ぺんに抜けた。

五十二、余った座布団

みじかい秋が背を向けて冬将軍に席を譲ろうとしているようなたそがれどき、葬儀依頼の電話が舞いこんだ。早速伺ったのはこの街中堅の建設会社、三階建ての事務所兼住宅に四、五人の若い社員と、社長とおぼしき中年の男性が椅子に深く沈んでいた。

「社長の奥さんが亡くなったんです。急でした。やさしい人やったんです」

涙を手で拭いながら話すのは中堅の社員とおぼしい人。早速打ち合わせをはじめた。

式場は市内有数の大寺院、そこの住職とは小学校での同級生だった社長、業界のつき合いも多く、かなり大規模な葬儀になりそうである。

「葬儀屋さん、お寺のお布施の袋を作ってや」「お寺さんは何人お呼びになりますか」「そうやなあ、三人でええやろ、それはこっちで手配するわ」

花をふんだんに使った花祭壇の中心に、故人のにこやかな遺影が飾られ、大寺院の本堂がすてきな空間になった。

本堂の柩の前にお導師と脇導師二人、三人分の席に緞子《どんす》の座布団を敷いて入堂を待った。ところがである。なんと僧侶は導師一人、脇導師一人。だから座布団一枚が余り、主なく不様に置かれたまま式が始まった。

甲斐甲斐しく世話をし、丁寧に弔問客を案内する社員を見て、さすが普段から教育されているな、と感心した。

すべて無事に終えて、いつもの何倍もの緊張から解きはなされた。弔問客に手渡す粗供養品も不足するかと思うほどの多勢の見送り人。五百個も用意した供養品もたった十八個残っただけだった。

ほっとして社内のソファーにぐったりと座っていた、その時である。電話が鳴った。

「お支払いするから、来て下さい」

重い腰を上げて喪家へ向かった。

応対してくれた別の中堅社員が不満気に言った。「あの空《から》の座布団は何やったんや！　坊さんへのお布施をけちったみたいやんか！」

(あれはそちらが三人と言うたんや！）と言おうとしたが、思いとどまった。

「急にご用が出来てひとり欠けたんでしょうな」と先に打ち合せた人をかばった。清算し、社屋を出たとき、社屋の横から「ちょっと来て」と手招きをした社長。「社員がいやなこと言うてごめんやで、ええお葬式してくれたのに」。そして私のポケットにそっと封筒を入れた。「お礼」と書いた心付けが入っていた。

五十三、多宗教葬で

県立病院から電話があったのは、秋も終わりの美しい空にひとひらの雲が浮かぶ夕暮れだった。

「今、一人、ご老婦人が亡くなられました。あなたの会社でお見送りしたいとのご希望です。お迎えお願いします」

なじみの看護師長さんからの連絡を受け、すぐに病院に向かった。病院には、息子さんとおぼしい五十歳代の男性が待ち構えていた。亡くなったのは八十二歳の老女。合掌し、遺体を寝台車に乗せてご自宅に向かった。同乗された喪主であるご子息が言われた。

「葬儀屋さん、ところで、こんなわがままを聞いてもらえるやろか？　実は、亡くなった母は趣味が多彩で、俳句やお茶、お花などで友人が多く、いろんな会で教会やお寺、それに神道の友との交流が多く、ひとつの宗教で送るのには抵抗があり、いっそ無宗教で送ろうかと思うのですが……今、ふと思いついたのですが、多宗教葬というのは出来ませんか？」

私は戸惑った。前代未聞のことである。それでも私は「いいです、やってみましょう」と答えた。

考えた揚句、祭壇を花でしつらえ、焼香台と献花台、それに神道の玉串台を用意した。

式進行は葬送にふさわしいクラシック音楽と、和の雅楽も取り入れ、司会者のナレーションで和やかな雰囲気を出した。そのナレーションを記録したものがある。

「〝山茶花《さざんか》の思慕夕空へ紅を吐く〟…祐子句…。山茶花が咲きました。山茶花は冬の季語、今年の秋ももう背中を見せて遠ざかり、冬将軍が足音をしのばせて近寄っています。

今日、このホールから、ひとつの人生なし終えられた方を現世《うつしよ》から一段と高い次元の世界へ送ります。故高梨祐子さま（仮名）八十二歳、高知県四国三郎の異名で有名な吉野川流域で生を受けられました。坂本竜馬に代表される土佐いごっそうの血は矍鑠《かくしゃく》としてたくさんの趣味をたしなまれ、特に俳句に独特の世界を持たれ句集の出版もされています。

土佐人の合理性とその中にある優しさ、この型破りの葬儀も故人の強い意志なのです。無宗教でなく多宗教……。一信教を押し付けることなく、ご参列の皆さま方のお心の中にお持ちのご信仰、それを大事にしたいと思う心なのです。――中略――

故高梨祐子さま。その八十二年の春秋、たくさんの思い出ありがとう。お疲れさまでした。

最後に祐子さま一番のお気に入りの句をご披露いたします。

〝生涯は叙事詩ひとひら春袷《はるあわせ》〟　合掌」

後日、十数通の手紙が寄せられた。あの型破りな葬儀をたたえて下さるものばかりであった。

能書は
不要
新米
つややかに

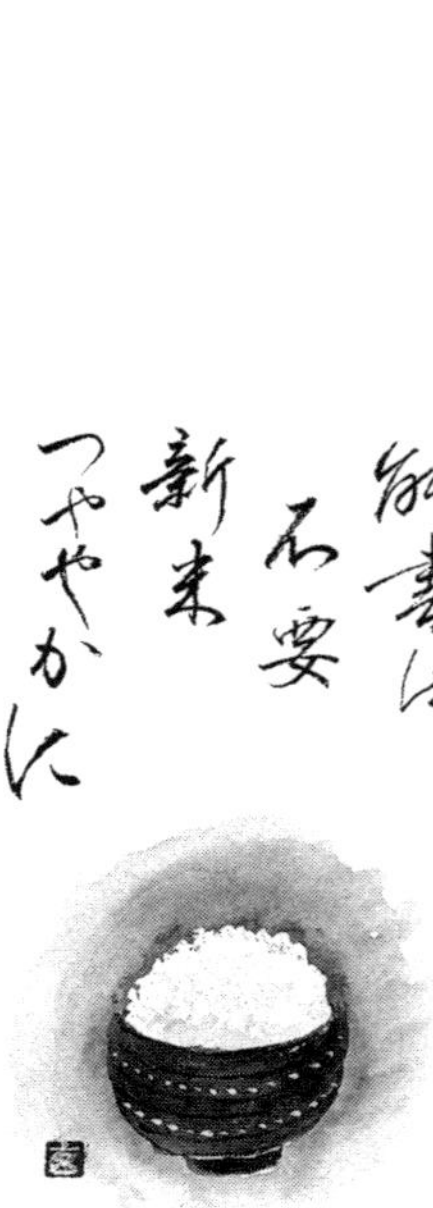

冬

五十四、残された息子

山茶花《さざんか》が咲き始め、今年の秋もそろそろ冬将軍にバトンを渡そうとしている。そんな日の黄昏にその電話が鳴った。

「あの～、あの～、おかんが死にましてん。民生委員のおっちゃんに言うたら、ここへ電話せい、言うてくれはりましてん」

聞いてみると、そこは古い文化住宅の二階。母ひとり、子ひとり。その子も障がいを持ち、市の支援学級に通っているとの事。とりあえず訪ねてみると、近隣の人が三人ほど遺体を前にして困憊《こんぱい》した様子で座っている。

「葬儀屋さん、どないしたらええやろか。この子は障害を持ってるし、生活保護受けてるんやけど、こんな時どないしたらええんやろ」

ぶるぶる震えながら聞いていた息子が急に泣き出した。

「心配せんでええ。お母さんはなあ、わし等が力合わせて、ちゃんと仏さんのとこへ送るよって元気出しや！」

「ところで死亡診断書は？」「これや！」。そこには急性クモ膜下出血と書いてあった。

「夫は五年前癌で亡くなったんや。トラックの運転手やってな」

話してくれたのは年配のやさしい顔の男性、民生委員の方だった。

生活保護をうけながら、時々スーパーのパートに出ていた母親。パートの帰り途、道端で倒れていたのを、近くの人が救急車を呼んだが、搬送された病院で死亡が確認された。

「お身内は？」「それがようわからんのや。なにせ出身は北海道らしい。われわれで送ってあげて、この子は民生が担当して施設へ入れてあげようと思うんや」

市の福祉課が支給してくれる葬祭費で限られた仕様の葬儀。場所を借りる余裕がなく、自社の霊安室で行うことにした。近隣の人たちがちょっとずつ出し合ったお金でお坊さんを呼んだ。

式当日は、それでもパートの仲間や近隣の人たちで霊安室は一杯になり、通路にも参列者が溢れた。若い僧侶が聞き惚《ほ》れるような声で読経してくれ、柩は人々に抱えられて霊柩車に入り、ホーンを鳴らして発進した。荼毘《だび》に付された遺骨は合同埋葬され、残された息子は施設に受け入れられることになり、翌々日、福祉課の職員に迎えられて、市郊外の施設に行くことになった。

その当日、職員に連れられて家を出た時、目の前にバイクが止まった。葬送の時、読経してくれた若い僧侶であった。「おお間に合った、これ持って行き」。手渡された封筒の中には「お花代」と書いて先日渡したお金が入っていた。

五十五、陶器と書いて

「ぬばたまのクロネコ便にゆだねけり独居死遺骨陶器と書きて」

これは二〇一二年の啄木コンクールに入選した私の詠草である。

みじかい秋が背中を見せ、冬将軍が手ぐすね引いて入れ替ろうとしている、そんな夕刻、市役所の保護課から電話があった。

「生活保護を受けている方が亡くなられました。急死でしたので、今、検死中です。いずれ御社で荼毘に付していただくことになると思います。何しろ、ご家族も親類もありませんし、まあ、老人会のお友達は居られると思いますが……」

そのあと、すぐに警察から電話が来た。

「いつもお世話になります。またお一人、お迎え、お願いします」

死体検案書には心臓機能障害、そして直接死因は溺死。なんと風呂場で溺死したというのである。

これはよくある死亡事例である。入浴中に意識不明となり溺死する人、特に老人男性に多い。

過去を刻みこんだ皺、年齢は八十四歳、出身地は北海道、本籍地は厚岸郡となっている。

現住所の町会を訪ね、町会長に会うことができた。

「えっ！　今年の敬老会に来てはったのに」

町会の福祉会館で葬儀を行うことになった。念のため、北海道の出身地に連絡をとってみると、なんと八十七歳の姉が現在介護施設に入っていると言う。お墓はある。お骨だけは送ってほしいとの事。お骨と一緒に出身地へ送ってあげる遺品はないかと、町会長、家主さんと共にアパートの部屋に入った。

質素と言うよりあまりにも貧困まる出しの部屋に心が痛み、そっと押入れを開けると、いきなり転がり落ちたものがあった。マトリョーシカ、ロシアの人形である。人形の中から何体もの人形が出てくる奇妙な人形である。かつて樺太（サハリン）が日本領であった頃に手に入れ、ずっと大切に、ふるさとの思い出として大切にしてきたものであろう。

いつもお心のあたたかいご住職にお願いしてご読経をいただき、老人会や近隣の人たちで、旅立ちを見送った。

柩の中へ入れようと持って来たマトリョーシカを見たご住職は、「これはご遺骨と一緒にふるさとへ送ってあげなさいよ」と言われた。百円均一で求めた小さな木箱に私が「志」と書いて柩の傍に置いた中に、会葬者が入れてくれた小銭を運送代として、北海道へ遺骨とマトリョーシカを送った。もちろん、遺骨とは書かずに「陶器」と書いて。

五十六、十二月八日の意味

十二月二日、早暁に連絡をうけた。

師走に入り、ぐっと寒さが増して、北颪《おろし》が街路樹を揺らすなか訪ねたのは北摂の一軒家、おだやかな顔で眠っているのは卒寿を六つ越えた翁。九十六年の今生を後にして旅立たれたのであった。

「ご長寿であらせられましたね。皆さんとご一緒に心こめてお送りしましょう」

ご遺体の処置をしながら、還暦を迎えられたというご長男、喪主さんと話し合う。

「葬儀屋さん、無理をたのみたいんやけど、葬儀は八日まで待たれへんやろか？」

「いいですよ。ご遺体はちゃんと保存できるように処置します。そうや、十二月八日はお釈迦さまが悟りをひらいて成道された日です。お父さんもよろこんでお釈迦さんのところへ行かはります」

「おおきに、そうしてくれたらうれしいわ。ところでこの家から送れるやろか？」

「もちろんです。長年親しまれたお家から、仏さんの棲家へ移られます。お父様もお喜びになると思います」

そう言いながら、これはちょっと人手がかかるな……。と心の中で思いめぐらせた。

二日後、ご遺体の様子をうかがい、ドライアイスを追加して保存につとめた。

十二月七日通夜式、そして八日に葬儀式。広い庭に天幕をしつらえ、祭壇は花をふんだんに使って立派な式場が出来上がった。

地元の浄土宗の古刹から住職を迎え、通夜が荘厳に行われて、沢山の弔問客が来られ、故人の生前が偲ばれる賑いであった。

さて、葬儀式の日は、庭に張られた天幕の中に溢れる程の会葬者を迎え、導師の心に響く読経の中、焼香が済み、導師の住職が退出されたあと、喪主さんが挨拶に立たれた。

「皆さま、本日はご会葬ありがとうございました。父は去る十二月二日に今生をあとにしました。でも私は葬儀屋さんに無理をお願いし、今日まで待ってもらいました。実は今日十二月八日は父にとって大変思い入れのある日でした。父は若い頃、三重県に住んでいて、莫逆《ばくぎゃく》の友（親友）がありました。その彼は昭和十六年十二月八日、太平洋戦争勃発のきっかけとなった真珠湾攻撃に参戦し、魚雷と共に自爆し、あの頃軍神と祀られた稲垣兵曹長でした。父の心にはあの不条理な戦争、そのきっかけを作った十二月八日があり、〝わしは、死ぬ日は十二月八日や！〟と常々言っておりました。今、その思いを果たして彼のもとへ旅立ちました。〝戦争はあかん！　あかん！〟と叫びながら」

そうか‼　その十二月八日やったんか‼　やっとその意味がわかった私であった。

五十七、大和尚に送られて

師走に入り街は年末商戦たけなわの日々。その商店街でも普段より人通りも増え、各店舗が工夫をこらして客を招いている。

そんなある朝。うっすらと明け初めた商店街の片隅にある郵便ポストに、もたれてうなだれている人を見付けた店員。近寄ってみると、息をしていない。急いで救急車を呼んだがすでに意識もなく脈もなく、運ばれた病院で死亡確認された。

身元を確認すると、街外れのアパートに住む独りぐらしの男性、七十四歳であった。心臓に病を持ち、生活保護をうけていた。

警察からの依頼をうけ、霊安室に安置し、生活保護課の依頼で葬儀をすることになり、ただ一人の遠縁のまたいとこにあたる人が愛知県から来られた。

「葬儀屋さん、私も生活に窮していて、お金がなく、ここへ来る電車賃が精一杯です」

「葬儀費は生活保護で決められた金額が支給されます。ただ火葬のみですが……」と言った私に、涙を拭きながらその人は言った。

「子どものとき、よく二人で遊んだものでした。近くに寺があって、その境内で陽の暮れるまで……」「せめて、せめて、ちょびっとでもお経をあげてほしいです、でも今お布施のお金は帰りの電車賃をのこしたら五千円ほどしかありません」

「お寺は何宗ですか？」「曹洞宗のお寺でした」。私はうーんと唸った。

この街には曹洞宗の名刹がある。しかし名刹だけに、おいそれと頼むのには、それ相応のお布施が要る。私はだめもとで、三、四回お付合いのある住職さんに直接話してみた。もちろんお布施の事もである。

「わかった！」とお返事を下さった院主さん。「あのな、若いもんには言わんといてや」。そう言えばお弟子さんの僧侶が十人近く修行しておられるお寺。まさかと思ったことが現実になった。

出棺一時間前に霊安室に来られたのは、なんとご住職おん自らであった。

「ちょっと用事で出てくると言うて来ました。若い者はまだ修行が足らんので、旅立つ人の立場によって、ついぞんざいになるといかん思うてな！」

腹に響くような重厚な読経。そして禅宗独得の偈《げ》、〝喝《かつ》！〟と言う声が響き、霊安室の空気がピーンと張りつめた。

大伽藍を構えた名刹の和尚に送られて、人生の最後を飾られたその人は、安らかに次の世へ向かった。

五十八、書き換えた銘記

珍しく葬儀も葬儀依頼の電話も、そして病院へのご遺体のお迎えも、何もないゆっくりした夕刻。そろそろ退社しようかなと思ったとき、電話が入った。同業グループの社員からであった。

「すんまへん。助けて下さい。おたくしか頼む人がないんです」

聞いてみると、その会社の所在地にある名刹の住職が亡くなり、大がかりな寺葬を受注したとの事。

「銘記を書き換えてくれ言わはりますんや。法名で書いてくれ言われて釈○○儀と書いたんやけど、そのあとに告別式と書いたんがあかん、浄土真宗では葬儀式と書くんや、別れを告げるのやない、お浄土でまた会うんや！と言わはりますんや」

銘記とは式場に立てる大きな木の板に○○家告別式場と書いてある葬祭場の看板のようなもの。普通は告別式と書いてある。しかも二十年ほど前まではその都度板を削って墨液で揮毫した。しかし今では書き手がなく、パソコンで印字し、字を切り抜いて板に貼り付けるのが普通である。

「若院《じゃくいん》さん（住職の長子、又は寺を継ぐ立場の人）がきつう言わはりますんや。もうじき通夜が始まります。銘記板は用意しますので、書いてもらえませんか、会社へ戻って作りなおすのでは間に合いまへん！」と泣くように訴える声。

「よっしゃ！　すぐ行くわ！」

車をとばして隣の街へ三十分程で着いた。しばらく使ってない太い筆と墨液を持って到着した古刹。待ちかねていた社員の額の汗の玉を見ながら久しぶりに筆を握った。

「おおきに！　たすかりました」

ドライヤーでしばらく乾かして門前に立てると、それなりに立派になった。

ぼつぼつと通夜の客が訪れる頃、若院さんが門前へ出てこられ、腕組みして銘記板を見上げて言った。

「うん！　結構結構。やっぱり本当の筆書きはええな。無理言うたな！」と社員の肩を叩いた。
やがて初冬の日はすっかり落ちて、山門の軒下に蛍光灯が灯をともす頃、通夜の客はぞくぞくと山門をくぐって本堂と寺苑にしつらえたテント席へ入って行く。
「おおきに、ほんまにおおきに」と言う社員に、「汗拭かんと風邪引くぞ！」と言いのこして家路についた。

五十九、北枕か　西枕か

「部長、たすけて下さい」

ささやくような声で私の携帯電話に連絡して来たのは、最近入社した安部君。市の中核病院にご遺体を迎えに行った彼からであった。

「ご遺体の安置場所で揉めてますんや。部屋の状況から北枕にするとご遺体の足が仏壇の方を向きますんや。どないしましょ！」

「よっしゃ！　すぐ行くわ！」

向かった先は市内のマンションの六階２ＬＤＫの部屋である。新築間もないマンションなので、エレベーターには勿論ストレッチャーを入れる装置もある。

部屋には七十代後半の女性。そのご主人のご遺体が寝かされている。そして、故人の兄妹と思われる男性と女性、故人の息子さん、娘さんの計五人。涙を流しながら、お互いの思いをつのらせ、意見がとび交っていた。

「どうなさいました？」と声をかける私に、「ほとけ（遺体）は北枕にすると昔から決まっとるやろ！」「そやかて、ご先祖の入ってはる仏壇に足を向けるんはあかんやろ！」

私はやおら方位磁石をとり出した。常に携帯している道具のひとつである。

「たしかめてみましょう。成程、北はこちらですね。

でもね、北枕とはお釈迦さまがご入滅なさった時にたまたま北枕であった故事にならったもの。ご仏壇を拝見すると、お宅は浄土真宗ですね。ご本尊阿弥陀如来は西方浄土におられます。おつむ（頭）を西に向けましょう。お浄土は西のふるさととも申します。因みに南の方角は観音菩薩の普陀落浄土《ふだらくじようど》と言います。でもお部屋の状態から、西へおつむを向けたほうが枕飾りをしやすいと思いますよ」

「へぇ～。ようわかりました。それにしても、磁石まで用意してはるとは、これはええ葬儀屋さんにお願いしてよかったわ！」

「ありがとうございます」

あらためてご遺体を安置し、帷子《かたびら》を着せて手甲脚絆《てつこうきやはん》で旅仕度をし、逆さ水でお顔を清拭した。傘寿《さんじゅ》（八十歳）を迎えたばかりだったという故人は、とてもとても穏やかなお顔で微笑むような口許で眠っていられる。

枕飾りを終えて、枕経のご僧侶を待つばかりにして、社員ひとりのこして喪家を出た。

師走の空は西方浄土の方角に夕茜《ゆうあかね》が差し、あの空へ還られる方を迎えようとしていた。

六十、お寺でツリー

「ご住職、お願いがあるのですが」

今年もあと少しで終ろうとしている師走の朝、葬儀依頼があった。市の中核病院、馴染みの看護師長さんからであった。「幼い命が今、召されました。どうぞやさしく送ってあげて下さい」

早速駆けつけた病院の霊安室で、眼を泣きはらした母親と肩を落とした父親。亡くなったのは幼い女の子、六歳の誕生日を迎えたばかりのいたいけな姿、急性骨髄性白血病だと言う。

「ようがんばってくれました。泣きごとも言わずに静かに逝きました。心から送ってやりたいと思います。よろしゅうたのみます」

今まで宗教と関わりがなかったけど、先祖代々はやはり仏教だと言われる父親、お寺さんとのつき合いがないと言う。

「わかりました、やさしいご住職にお願いしてみましょう」

昵懇《じっこん》にしていただいているご住職のお寺の会館で、旅立ちの式典をいとなむ事になった。

「お願いと言いますのは、お通夜が二十四日、葬儀が二十五日、まさにクリスマスです。それで、喪主のお父さんが、ツリーを祭壇に飾りたい言わはりますんや。けど、お寺でツリーはどうかと思いまして……」。すると住職が言った。

「かめへん、かめへん、クリスマスは宗教行事やで、それこそ宗教協力や、どうぞ飾ってあげて」

やさしい花祭壇に可愛い笑顔の遺影が飾られ、父親の要望通りの式場が実現した。通夜式の読経が終り、住職が法話をはじめた。

「皆さん、ようお参り下さいました。今夜はクリスマスイブ、祭壇にツリーが飾ってあります。美咲ちゃんは今から天国へ向かいます。仏教では天国のことを浄土と言います。その浄土にはたくさんのご先祖さまが居られ、〝倶会一処《くえいっしょ》〟と言う教えがあります。いつかみんな再会できるんや、と言うことです。美咲ちゃんは少し早いけど、浄土へ引越しました。私たちもいつか行く浄土、又は天国、あちらで待っててね、と言ってバイバイしましょう」

少しだけ通っていたカトリック系の幼稚園。その園長さんが通夜に列席してくれた。そして言った。

「明日、園児をつれてお参りします。ご住職のお話に感動しました」

祭壇の遺影が〝園長さんありがとう〟と言っているようだった。

六十一、「法名」の意味

「明日誕生日だったんですよ」

涙を拭きながら話されるのは亡くなられた方のご長男、年末にめでたく定年を迎えられた公務員だった。「これからほんまの親孝行しようと思うとったのに……」

亡くなられたのは一月三日に米寿の誕生日を迎える寸前、大晦日の前日、入浴中に異変は起きた。急遽、救急車を要請して病院へ運んだが脳溢血で死亡が確認された。

この町で長年文房具店を経営、地元の町会役員も、菩提寺の門徒総代もされ、晩年この町にも訪れた過疎化に抗し切れず、店を閉めてより悠々自適にすごされていた。すでにお正月の準備もされ、軒端に注連飾《しめかざ》りもされた喪家には、ご長男はじめ、お身内縁者の方々が詰めかけておられた。

「葬儀屋さん、お寺の本堂で送ってやりたいんですが、なにしろお正月でっさかい、一日や二日はお寺でも初詣《はつもうで》がありまして、まあ三日やったらなんとかなる言うてはりまんのや。ほんであんたのとこに無理言うてそれまでの処置をお願いしましたんや」

菩提寺にいち早く連絡されたようで、すでに枕経も勤修《ごんしゅう》され、位牌も安置されていた。

「ところで、ちょっとこの法名（戒名――浄土真宗では法名と言う）見て！　俗名をひっくり返しただけやんか！」。語気強く言われた長男。見てみるとそこには『釈　三元』と書かれている。「おやじの名前は元三《もとみ》と言うんです。なんやおかしいのんとちがうか」

私はその位牌に合掌して言った。

「ええお名前ですがな。仏教では三と言う数字が大事なんです。仏、法、僧、この三つに帰依《きえ》する三《さん》帰依《きえ》が仏教の根源です。まして『元』と言うのは〝もと〟、はじまりという事でしょう。仏教では数字にまつわる教えがたくさんあります。『一仏乗《いちぶつじょう》』『二河白道《にがびゃくどう》』『四法印《しほういん》』『六波羅蜜《ろくはらみつ》』、その中でも『三帰依に元《はじ》まる』というご法名、これはまさにみ仏に迎えられ、お浄土に安住されるありがたいご法名やないですか」

「へぇ～、あんた坊さんみたいやな……」

そして一月三日、菩提寺の本堂で重厚な読経と、たくさんの見送りびとの中、立派に葬儀が行われ、故人はお浄土へ帰られた。まさに八十八歳、米寿の誕生日であった。

後日、ご住職から電話をいただいた。

「位牌の法名、ちゃんと説明してくれたんやてな。まるでわしの思いを代弁してくれたようやで！ありがとう！」

今年も心こめて「おくりびと」をしよう……。そう思った新年であった。

六十二、住職の代理の代理

昵懇《じっこん》にしていただいているお寺の若院主《わかいんじゅ》（住職の跡継ぎ）から電話がかかった。

「檀家のお婆さんが還浄《げんじょう》（浄土へ還った――亡くなったの意）しはりました。いつものようにあんじょう送ってあげて下さい」

お寺で時々顔を見たことのあるお婆さん。亡くなられたのは米寿（八十八歳）のお祝いをすませた翌日。あたかも今生にお別れをすませたように、脳出血で他界されたとの事だった。

「住職は今旅行中ですねん。明後日しか帰って来まへん。頼りないけど私が導師をさせてもろてお送りします。よろしゅうたのみます」

地域の福祉会館で葬儀をすることになり、喪主をつとめる次男の方と打ち合わせをした。長男の方は小学生の頃、事故で急逝されたということであった。

会館の集会室に白幕を飾り、白木の祭壇に花をあしらい、美しい葬場が出来上った。地域の自治会や、喪主の友人知人たちが多勢《おおぜい》集まって通夜も無事に終わり、葬儀の日を迎えた。

通夜にも増して多勢の見送りびとが列席し、若院《じゃくいん》の美声の読経が流れ焼香の列が続いた。

その時である。導師の読経がほんの一瞬途切れ、若院が法衣の袂《たもと》に手をやった。〝携帯電話のバイブが鳴ったんやな〟……。私はすぐ気付いた。

読経が終わり、焼香も終わり、導師が退出した。するとお手伝いの女性がやって来て、「お坊さんが呼んではりますよ」と私に耳打ちした。

最後のお別れに柩の蓋をとり、お花を入れている途中だった。

「どないしはりました？」「ごめん！　帰らなあかん！　息子が怪我しよったんやて！　いまさっき連絡あってん」

あのバイブはそれやったんやな……と合点したものの、火葬場での炉前勤行《ろぜんごんぎょう》がある。柩を炉に納める前にする読経である。「困ったな！」と思う前に若院はあたふたと出て行き、バイクの去る音がした。

「よっしゃ！　俺が代りするわ」。仏教学院を出て、僧侶の資格も持つ私が、喪主はじめ親族の人にわけを話して了解を得た。霊柩車から柩を降ろし、火葬炉の前に安置して、やおら経典をひらき無《む》量寿経《りょうじゅきょう》の中の重誓偈《じゅうせいげ》という経を読誦《どくじゅ》し、焼香を終え柩は炉に入った。後日、住職と若院が喪家へお詫びに来られた。

「お陰さまで、怪我はたいした事がなかって、ほっとしました」。そして、玄関を辞す前にそっと封筒を置いて行かれた。中に先日渡したお布施と同額が、「ご香料」と書かれて入っていた。

六十三、時はうつろいて

「葬儀屋さん久しぶりやね！」

電車の中で声を掛けられ、一瞬、見覚えのある顔だが、名前が浮んで来ない。

「ほら、もう十九年たちまんねやな！」

あの日、そう阪神淡路大震災の日、なんとか辿りついたわが葬儀社。無残にも葬祭用の道具、祭壇、備品、その他のいろんな道具が散乱する中に呆然と立ちすくんだ。ただ、建物は大した破損もなく、社員総出で片付けをしている最中、一台の乗用車が店内に乗り入れて来た。

「助けてや！　助けてや！」

「家内が死んでもうたんや！　どないしたらええんやわからん！」「助けてえな!!」

悲痛な叫び声に中を覗いて見ると、血だらけの女性がぐったり横たわっていて、ひと目で死亡していることがわかった。

「夜勤明けで帰る途中あの地震や、帰ったら家がつぶれて、嫁はんが壁の下敷になって死んどったんや！」

「医者の死亡診断書がないと……」と言う私に、「ここにある！　医者は、もうあかん、降ろしてもらわんでもええ、死んではる、と言うて車から出しもせんと診断書を書きよったんや」。診断書には死亡時刻が午前六時頃と書かれていた。

とりあえず片端に寄せた道具の隙間に、柩を置き、中に遺体を安置し、線香と蝋燭をつけた。

さあ、それからが戦争だった。次々と届く訃報、それに対応する社員の右往左往。とにかく近隣市町の火葬場は壊滅。どんどん運び込まれる遺体、他の市町村の火葬場で荼毘に付す手配はするものの、七日から十日間の待ち時間。冬場とは言え暖房によって遺体が傷みはじめ、元々、無残な傷を負った遺体から異様な臭気が上りはじめた。

「こら、いつになったら焼いたんのや」

胸ぐらを掴まれ、こんなに一生懸命やっているのに……と不意に涙が流れた。するとその怒っていた人が、「ごめん！　あんたも一緒になって悲しんでんのやね。かんにんやで……」と抱き付いた。

やがて時の流れが緩やかに記憶を薄め、十九年経った今、阪神間の街々は何事もなかったような風景になった。やっと思い出したのは、その人が、「ほな、お先に降りまっさ、体を大事に長生きしてや！」と電車を降りた時であった。あの時、私の胸倉を掴んだ人であった。

そして、東日本大震災からも三年。時の流れがいつか心癒やしてくれることを念じて……

「帽子とり二時四十六分黙祷す東の空の雲の墓標に」

六十四、あの少女はいま……

あれから二十年。あの日が来れば思い出す。一月十七日、阪神淡路大震災……あの日、母親の亡きがらに寄り添っていたけなげな姿。当時六歳だった少女はもう二十六歳。どんな女性になっているだろうか。もしかしたら結婚しているかも知れない。

私が少女に出会ったのは、神戸市住吉に設けられた臨時の遺体収容所であった。尼崎市の葬儀社に勤めていた私は地震発生後、ボランティアとして、自転車で現地に通った。次々と運び込まれる遺体。現地や近隣の火葬場は壊滅、葬儀会館も倒壊して、対応が追いつかず、次々と、これでもか、と運び込まれる遺体が所狭しと並べられた。しかもどの遺体も損傷がはげしく、真冬とは言え、異様な臭気がただよう。

まさに目を覆うばかりの惨状の中、母親の亡きがらに覆いかぶさるように寄り添い、死に顔を見つめている髪の長い少女がいた。

近づき、そっと肩を抱きながら尋ねた。

「お姉ちゃん、いくつ?」「六つ」「えらいね。しっかりママを守ってあげてね」「うん」。涙も見せずに気丈にうなずく少女。

「ママをお空に送る（火葬する）のはもうちょっと待ってね」「わかった」

その表情を今も忘れられない。母一人、娘一人のようだった。

炊き出しには目もくれず一日中母親に寄り添う少女に、「食べなあかんよ」と言って、おにぎりと味噌汁を食べさせた。

その後、彼女のことが気になりながらも、次々と運び込まれるどれもが損傷の激しい遺体の処置に追われながら、生涯で最も多忙な四日間を過ごし、神戸を後にした。

以来、少女の消息はわからない。

「東京のおじいちゃんのとこへ行く」ということばだけが私の耳に残った。

今思えば、あの少女にもっともっと寄り添ってあげればよかったと後悔が残る。

二十六歳の彼女はどんな人生を歩んでいるのだろう。どうか、どうか元気でいてほしい。

できれば私の生きているうちに、もう一度、あの「女の子」に会いたい。

八十一歳になり、残り少ない人生。私の心に残る強烈な思い出。二度とあの惨状が起こることのないように祈り、今年もあの日を迎える私である。

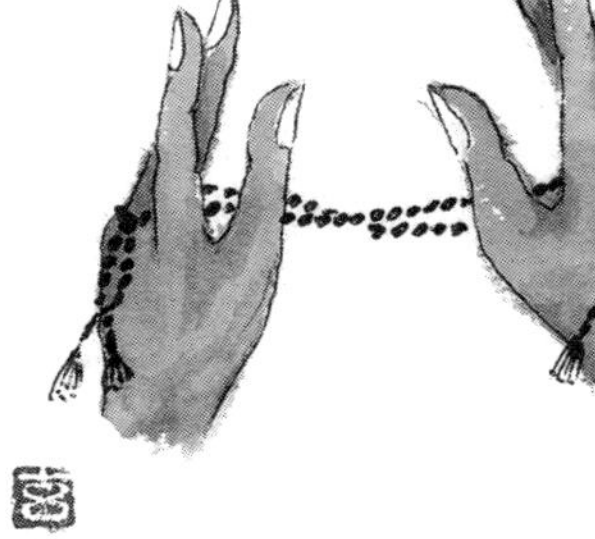

六十五、ミスを庇う教会長

明治以降たくさんの新宗教が誕生し、一説によると、その数、百以上とのことである。その中の仏教系の新宗教の信者さんが亡くなり、葬儀の依頼を受けた。

古くから続く伝統仏教の葬祭儀礼と異なり、その宗教団体の本部で作られた葬儀式次第は、地方地方の習慣にそぐわない場合がある。そして、その儀式を司るいわば導師の役割をする人も一信者、普段は普通の勤め人であったり商店の店主であったりして、そんな大切な役目をするのは生涯に一度か二度、緊張のあまり式中に慄《ふる》えが止まらない人もあったりする。

亡くなった人は六十七歳。教会行事の途中で突然倒れ、救急車で運ばれたが病院で死亡確認された。脳出血であった。

翌々日、多勢の信者が列席して葬儀が営まれた。葬儀会館には溢れるほどの信者が集まって追悼の儀式が行われた。少しぎこちないながらも、その宗教にのっとって式は進行した。

進行を担当する司会者は葬儀社の女子社員。ベテランの域に達したプロ級の女性であるが、普段の伝統宗教でなく、初めて接する新宗教の葬儀の司会に戸惑いもあった。

開式の挨拶の後、式は始まった。式前の打ち合せ通り、焼香が始まり、まず遺族親族、次に参列者の中から代表の焼香の読み上げが行われ、一番には当然のことながら教会長の名前が読み上げられた。

その時である、会場内にどよめきが起こった。司会者が教会長の名前を読み違えたのであった。

「教会長山本猛様」……。本当は川本猛なのだ。なんと川を山と読み違えたのである。

儀式が終りに近づき、最後に柩の蓋をとり、訣《わか》れ花を入れる。当然のことながら、一番に訣れ花を胸元に入れるのは教会長である。そのそばにすっとすり寄った司会者が深々と頭を垂れて、「お名前を読み違えましたこと、こんな失礼な粗相をいたしまして申し訳ございませんでした、心からお詫びいたします」と詫びた。

すると教会長は、「そうなの？　いやいや、もう馴れてへんので上がってしまって、聞こえへんかった。教会長言われただけで行きましたんや」と言った。

あれだけざわめいた会場、聞こえないはずはない。司会者のミスをそれとなくかばう教会長、なるほど、これほどの信者を集める宗教、思いやりの心が感じられたひとこまである。

六十六、思わぬ再会

西空に美しい夕焼けを見ながら車のアクセルを踏んだ。今日も二件の仕事を無事に済ませ家路についたその時、携帯電話が鳴った。あわてて道路の端に車を止めて携帯をとり出した。

「いつもお世話になります。またちょっと御無理をお願いしたいのですが……」

それは同業の杉谷さん。隣りの市に営業する中堅の葬儀社の専務である。

「神式の葬儀を受けたんです。うちの若いもんがプリンターで銘旗を作ったんですが、「媼《おうな》」を「温」と間違えて作ってしもて、ほんでそれを祭壇に掛けてしまいましてん。それが喪主さんに見付かってえらい怒ってはりますんや。何しろ亡くなったのは宮司さんのお母さんですんや。今から作り直すのは時間がおまへん。新しい銘旗を用意しますんで、一筆お願い出来まへんか……」

神式葬では祭壇の向かって右に、「故〇〇媼の柩」と絹布に揮毫して掲げる。今は手書きすることはなく、パソコンの印字で済ます。「媼」を「温」と打ち間違えて、誰も気付かなかったのである。

「よっしゃ！　すぐ行くわ！」。方向変換してアクセルを踏んだ。

新しい銘旗と墨壷や筆を用意して待っていた式場で、早速銘旗を揮毫し、ドライヤーで乾かして祭壇に掲げた。

「やっぱ手書きはええな。どうや、そっちやめて、うちへ来てくれへんか？」

「あほなこと言いな。応援はなんぼでもするがな」

「ほな、がんばってや」と言って式場を出たとき、若い女性がこちらを見て手を振っているのが見えた。

「あっ！」と驚いた。その女性はかつて、献体の意志を表明して身罷られた方のお嬢さん。「そんなん、いややん！」と駄々をこねたお嬢さんだった（第四十九話）。

「お久しぶりです。あのときはありがとうございました。お陰さまで、父の精神を継いで人のためにと、今、福祉施設で働いています。先日、四天王寺の法要（献体者の合同供養）にも行って来ました。またお会い出来てうれしい！」

私は胸が一杯になった。こんな偶然は仏さま、いや神さまのおはからいだろう。

「お会い出来て、本当にうれしいです。どうかがんばって、弱い人の味方になって下さい。体に気をつけてね」「おじさんも、どうかお体を大切にして下さいね！」

にびいろに黄昏《たそが》れる空。でも私の心には、あたたかいものがあふれた。

六十七、命助けた仏

「明日ちょっと応援してほしいんやけど？」と私。

電話の先はタクシー会社を退職し、時々忙しい時にバイトをたのんでいる彼。七十歳を迎えたが長年培った運転技術と無事故で迎えた退職に、全幅の信頼を置いていた。

「明日かいな、しゃあないな、明日は友達と若狭へ海釣りに行く約束やったんやけど、ええわ、キャンセルするわ」

「すまんな、たのむわ」「仏さんのお迎えやろ、どこの病院や？」

頼むのはいつもご遺体のお迎え。病院で身罷られた人を寝台車で自宅へ、又は式場の安置所へ運ぶ仕事である。行先は北摂の中核病院。七十八歳で亡くなった男性。自宅は西宮市内であった。

夕刻から容態が悪化し、午後十時頃、心肺停止したとの事。死亡診断やいろんな手続きと、喪家の都合でお迎えは明朝となったのである。

「ほな、いってくるわ」

早朝七時に寝台車でお迎えに出発した彼。午前十時頃にはご遺体を乗せて帰社する筈であった。ところが昼頃になっても一向に連絡もない。その時突然行先の病院から電話があった。

「お宅の運転手さんが突然倒れ、こちらの救急棟に収容しました。代りの車を手配して下さい。それと、倒れた運転手さんのお身内に至急こちらへ来てもらって下さい」

急いで別の車で駆けつけた病院、ＩＣＵへ収容された運転手は緊急手術で手術室であった。病名は大動脈解離。心臓から出た大動脈が剥離する、命にかかわる大病。かつて石原裕次郎が大手術した病気である。

「たまたまこの病院の中で倒れたので、なんとか助かったんですよ。今、人工血管と置換手術をしています。あの方はほんとにラッキーでしたよ」

医者の説明を聞いて、冷汗が出た。もし、もし運転中だったら……と思うとぞっとした。

急いで駆けつけたご夫人と長男の方に、

「無理してはったんかも知れません。仕事を押しつけて申し訳なかったと思うてます」と言った。すると長男の方は首を振って、

「とんでもありません、親爺は今日友達と若狭へ魚釣りに出掛けると言うてました。もしそんなところで発病したら絶対助かってないと思います。お迎えに来たほとけさん（遺体）がいのちを救って下さったんです。すべては仏さんのおはからいです」……。

手術に成功した彼は今も元気で過ごしている。

六十八、神式葬の忍び手

わが国に仏教が伝来するまでは、神を主体とする原始宗教、古代シャーマニズム、亀卜《きぼく》や太陽神崇拝が古代日本の信仰であった。

仏教国と言われるわが国にも神道は厳然と存在し、多くの信者が存在する。だから葬儀も神道に沿った葬儀が行われる事も多い。そして神道にも新旧教団があり、葬儀の作法も異なる部分がある。

たとえば霊前に捧げる玉串。榊《さかき》の小枝に細長く切目を入れた和紙を垂れさげるのであるが、各団体では呼び名が違う。

「四手《しで》」、「幣《ぬさ》（麻《ぬさ》）」、「木綿《ゆう》」、「幣《へい》」、ある教団では「四垂《よたれ》」と呼んでいる。

葬儀を受託する者としても、すべてを知識として網羅するのは至難のわざである。

しかし、殆どの教団に共通するものがある。それは霊前に礼拝したときの「柏手《かしわで》」である。普段神社に参拝するときは柏手を打ち鳴らすが、葬儀の霊前では「忍び手」と言って、掌を合わすときに音を出さないようにする。それが葬儀の時の玉串奉奠の作法である。

さて、ある町の古老が亡くなり、信徒総代もつとめたことのある神社の別館で神道による葬儀式が営まれた。笙《しょう》、篳篥《ひちりき》の雅楽に包まれた式場で、八十九年の現世《うつしょ》をあとに黄泉路《よみじ》を辿る人を送る荘厳な式典がはじまり、神社の世話人たち多勢《おおぜい》の玉串奉奠が進んだ。

参列者殆どの人が参拝を終わり、式も終わりに近づいた時、土地の青年会の人たちがおくれて入場した。会議を済まし、あわてて見送りに来てくれたのである。

祭壇の前へ進んだ青年会長は玉串を受けとると、作法通りに玉串案（台）に捧げた。そして、そして、会場に響きわたるような大きな音を出して柏手を打った。すると、続いて青年会の四名が、それに倣《なら》って、思い切り柏手を打った。忍び手ということを知らなかったのである。

我々業者は式の始まる前に会葬者に、式次第や作法の説明をするのであるが、おくれて来られた人たちは、そんな事を知らず、普段のお詣りのように思い切り柏手を打ったのである。

驚いたのか、神官の雅楽がふと止んで、またすぐ続いた。

葬儀が終わって、喪主に「私の説明がゆき届かなくて申し訳ありませんでした」と謝った。

すると「いやいや、おじんは耳が遠おましたんや、聞こえてへん、聞こえてへん！」と喪主は言った。

六十九、源は天台宗

以前多宗教葬のエピソードを紹介し、反響をいただいた。滅多にない要望に苦肉の策で応えて事なきを得、それなりの評価を受け胸を撫でおろしたのであった（五十三話）。

しかし、同じ仏教の宗派間ではそうはゆかない。

仏教の嚆矢《こうし》は釈迦の成道《じようどう》より始まった事は、万人の承知するところである。しかしその教えがわが国に到来してよりこの方、多くの宗派が生まれ、それぞれその教義や所依《ゆえん》の経典に独特の拘泥《こだわり》があって、しかもその時代時代の為政者の見解により迫害をうけたり容認されたり様々な経過を辿って現在に至っているためだ。

俳友が亡くなった。八十歳であった。闘病生活三年余り、つらい晩年を送った彼は病室で仏教書を読みあさっていたという。二歳年上の妻は脳梗塞から半身不随。認知症にも陥り施設で暮らしている。三人の子どもはそれぞれ家庭を持ち立派な社会人である。

「おっちゃん、とうとう逝きよりました。どうぞええとこへ行ってほしいと思います。立派に送ってやりたいよって、よろしゅうたのんます」

　長男から連絡をうけすぐに訪れた彼の家では、すでに遺体が安置されていた。遺体に帷子《かたびら》を着せ、枕飾りをしながら聞くともなしに聞いていると、三人の息子と故人の弟が何か揉めている。

「昔からの門徒（浄土真宗の信徒）やんか」「ほんでも近頃は日蓮宗を信仰しとったんやで」「見てみい、写経した紙があるやんか。般若心経《はんにゃしんぎょう》は真言宗と違うか?」「先祖代々は何宗やろ。墓は昔から田舎にあると聞いとったけどな、あまり坊さんに縁がないからな」

「おっちゃん！何か聞いてませんか！」と鉾先がこちらへ向かった。岩手出身の彼。若くから故郷を遠く離れた終焉《しゅうえん》、先祖代々の宗派など知る由もない。

「仏教で間違いないんですか。お寺さんは紹介しますが宗派がわからんかったら……そうや〝宗論はどちら負けても釈迦の恥〟と言う諺《ことわざ》があります。各宗派の源はほぼ比叡山天台宗です」

「よっしゃ！　坊さんお願いします」

　式場の正面に釈迦如来の坐像を画いた掛軸を掛け、遺影の前に「南無釈迦如来」と書いた漆塗りの牌《はい》を立てた。この街の古い天台宗の院主に頼んで葬儀を行った。

　皺深いお顔と丸くなった背の院主。でも迫力満点のお経が心に響き、式場がひき締まった。朗々と法華経《ほけきょう》の流れる中、故人の遺影が微笑みを浮かべ、八十年の人生が今生を後にした。

七十、お上人《しょうにん》の旅立ち

「お上人が亡くなられました」

電話を下さったのは、檀家総代をされている方の奥さん。涙まじりの声に耳を疑った。

「うそやん！」。つい口をついて出た言葉、それほど突然であった。

尼崎市寺町。繁華街のひと筋裏に静かなたたずまいを残す寺の町。その中にひときわ名高い日蓮宗のお寺、重要文化財の塔や歴史の残るお寺、その塔頭《たっちゅう》（脇寺）の住職、日身上人は、とてもやさしい、誰とも心易く話され、しかしその中にどこか法華経の真髄をちらっと含むお話は誰の心にも沁みる、そんな人であった。

急ぎ駆けつけたお寺には、多勢《おおぜい》の信徒が集まり涙が溢れていた。聞いてみると、檀家の法要から帰り、ひと息入れられている時、急に頭を抱えて苦しまれ、救急車で運ばれた市民病院で死亡が確認されたとの事。脳出血であった。

何度も何度も葬儀でお会いし、言葉を交わすうちに、心から親しみ、尊敬するお上人であった。

寺苑に溢れる程の信者が集まり、お上人の人柄を偲びつつ、しめやかに通夜が行われた。通夜の後、檀家総代が私に、「ちょっとたのみがあるんや」と言った。

「明日の葬儀に、お礼とお訣《わか》れの言葉を言うてほしいんや。お上人のお人柄はよう知ってはるやろ、たのむわ！」「わかりました。精一杯つとめます」

葬儀は二時間の時間をとり、導師は近隣の市から同宗の名刹の住職がつとめた。読経の途中、お訣れの言葉を入れる了解を得、前唱《ぜんしょう》のあと私がマイクを持った。

「お上人さま、山茶花が咲きました。覚えておいでですか。いつかの冬の夜、お通夜においでになったお上人さまの自転車に誰かが山茶花をひと枝挿しておきました。お通夜が終り、帰りがけにその花を見たお上人さまは、にこっと笑って、そのまま自転車に乗られました。その笑顔、今も脳裏に焼きついています。

煩悩具足の私たちはお上人さまのご遷化《せんげ》のしらせに、『なぜ』『どうして』という思いばかりでした。お上人は多くの信者に煩悩即菩提の道を説かれ、自らは菩薩道を実践されて、そのやさしいお人柄は信者の心の支えとなりました。今、この三界をあとにされるにあたり、さよならは言いたくありません。お上人はいつも私たちの心の中におられます。その七十年の春秋、たくさんの思い出、ありがとうございました」

すすり泣く声の中、美しい空に一艘《いっそう》の雲が浮かんでいた。

葬斂屋春秋——ある送り人の記録　初出一覧

連載「大阪民主新報」2014 年 4 月 6 日号～ 2016 年 12 月 25 日号（全 137 話）

掲載順	題	連載No.	原題	掲載号
春18話				
1	いってらっしゃい	1	いってらっしゃい	2014年 4 月 6 日号
2	また会えるように	4	また会えるように	2014年 4 月27日号
3	尊いお布施	7	Uターンしたお布施	2014年 5 月18日号
4	「春二番」よ、ありがとう	8	春一番のいたずら	2014年 5 月25日号
5	サッちゃんの旅立ち	5	サッちゃんの旅立ち	2014年 5 月 4 日号
6	「納棺部長」	6	納棺部長	2014年 5 月11日号
7	二重に張った幕飾り	46	二重に張った幕飾り	2015年 3 月 1 日号
8	生き返った喪主	100	生き返った喪主	2016年 4 月 3 日号
9	中陰までの雛飾り	53	中陰までの雛飾り	2015年 4 月19日号
10	忍者まがいの隠密行動	38	忍者まがいの秘密行動	2014年12月28日・2015年新年号
11	葬斂屋の至福のとき	102	葬斂屋の至福	2016年 4 月17日号
12	ついたり消えたり	103	ついたり消えたり	2016年 4 月24日号
13	三年ぶりのお風呂	54	三年ぶりのお風呂	2015年 4 月26日号
14	お骨をどうするか	56	お骨をどうするか	2015年 5 月17日号
15	命名“永遠子”	57	命名“永遠子”	2015年 5 月24日号
16	同志の見送り	105	同志の見送り	2016年 5 月15日号
17	燭の灯を消した松明	11	燭の火を消した松明	2014年 6 月15日号
18	死亡届と俳句	114	死亡届と俳句	2016年 7 月17日号
夏18話				
19	寺葬の風景	106	寺葬の風景	2016年 5 月22日号
20	遺影は似顔絵	18	遺影は似顔絵	2014年 8 月 3 日号
21	柩を安置する場所	107	柩安置の場所	2016年 5 月29日号
22	ええかっこしい	108	ええかっこしい	2016年 6 月 5 日号
23	履物のリレー	63	履物のリレー	2015年 7 月 5 日号
24	「昭和」に浸かって	110	「昭和」に浸って	2016年 6 月19日号
25	泣き虫の坊さん	61	泣き虫の坊さん	2015年 6 月21日号
26	星になったママ	14	星になったママ	2014年 7 月 6 日号
27	二人分の命を生きる	72	二人分の命を生きる	2015年 9 月13日号
28	襖の向こうで	113	襖の向こうで	2016年 7 月10日号
29	未練を断ち切る仏様	16	未練を断ち切る仏様	2014年 7 月20日号
30	この世に住む家賃	66	世に住む家賃	2015年 7 月26日号
31	ありがとうの大合唱	26	ありがとうの大合唱	2014年10月 5 日号
32	花嫁に送られて	116	花嫁に送られ	2016年 7 月31日号
33	間違えた告別式	67	間違えた告別式	2015年 8 月 2 日号
34	原爆忌の挨拶	117	原爆忌の挨拶	2016年 8 月 7 日号
35	お浄土へのお土産	20	お浄土へのお土産	2014年 8 月24日号
36	いじめっ子のやさしさ	24	いじめっ子のやさしさ	2014年 9 月21日号

秋17話				
37	お供はキティちゃん	21	お供はキティちゃん	2014年８月31日号
38	般若の船に棹さして	22	般若の船に棹さして	2014年９月７日号
39	グループホームで	121	グループホームで	2016年９月４日号
40	やさしい灯り	122	やさしい灯り	2016年９月11日号
41	大仕事	123	大仕事	2016年９月18日号
42	通訳付きの司会	71	通訳付きの司会	2015年９月６日号
43	火葬炉の前で	75	火葬炉の前で	2015年10月４日号
44	橋渡しのおっちゃん	25	橋渡しのおっちゃん	2014年９月28日号
45	納骨は一心寺	27	納骨は一心寺	2014年10月12日号
46	お供は借用書	77	お供は借用書	2015年10月18日号
47	猪のお見送り	125	猪のお見送り	2016年10月２日号
48	収骨のときに……	128	収骨のときに…	2016年10月23日号
49	献体の意志の成就	31	献体の意志の成就	2014年11月９日号
50	研修医の旅立ち	80	研修医の旅立ち	2015年11月８日号
51	剃り落とした髭	81	剃り落とした髭	2015年11月15日号
52	余った座布団	32	余った座布団	2014年11月16日号
53	多宗教葬で	2	多宗教葬で	2014年４月13日号
冬17話				
54	残された息子	92	残された息子	2016年２月７日号
55	陶器と書いて	131	陶器と書いて	2016年11月13日号
56	十二月八日の意味	135	十二月八日	2016年12月11日号
57	大和尚に送られて	35	大和尚に送られて	2014年12月７日号
58	書き換えた銘記	37	書き換えた銘記	2014年12月21日号
59	北枕か　西枕か	96	北枕か　西枕か	2016年３月６日号
60	お寺でツリー	136	お寺でツリー	2016年12月18日号
61	「法名」の意味	89	「法名」の意味	2016年１月17日号
62	住職の代理の代理	87	住職の代理の代理	2015年12月27日・ 2016年新年号
63	時はうつろいて	10	時はうつろいて	2014年６月８日号
64	あの少女はいま……	41	あの少女はいま…	2015年１月25日号
65	ミスを庇う教会長	44	ミスを庇う教会長	2015年２月15日号
66	思わぬ再会	83	思わぬ再会	2015年11月29日号
67	命助けた仏	84	命助けた仏	2015年12月６日号
68	神式葬の忍び手	93	神式葬の忍び手	2016年２月14日号
69	源は天台宗	134	源は天台宗	2016年12月４日号
70	お上人の旅立ち	86	お上人の旅立ち	2015年12月20日号

辻井康祐（つじい　こうすけ）
1934年、大阪市生まれ。葬祭ディレクター1級・元葬儀社勤務。小学校5年生の時、戦火に追われ三重県へ疎開し、そこで育つ。大阪の微生物研究機関職員、土木会社勤務などを経て、53歳で葬祭業に出会う。葬斂屋（そうれんや＝おくりびと）として、阪神淡路大震災を経験。78歳で引退。25年間の葬儀社勤めでは、納棺部長として心をこめたお見送りを心がけ、手がけた葬儀は3000件を超す。趣味の俳句、短歌では投稿した作品が度々新聞・雑誌に掲載、俳画の個展は29回を数える。受賞歴として、1958年に三重県・一志町青年団で脚本・演出を手がけた創作劇「土」が第7回全国青年大会芸能文化の部で優秀賞、短歌で2012年度「啄木コンクール」入選。

葬斂屋《そうれんや》春秋《しゅんじゅう》——ある“おくりびと”の記録《きろく》

2017年 5月25日　初　版

著　者　辻　井　康　祐
発行者　田　所　　稔

郵便番号　151-0051　東京都渋谷区千駄ヶ谷4-25-6
発行所　株式会社　新日本出版社
電話　03（3423）8402（営業）
03（3423）9323（編集）
info@shinnihon-net.co.jp
www.shinnihon-net.co.jp
振替番号　00130-0-13681
印刷・製本　光陽メディア

落丁・乱丁がありましたらおとりかえいたします。

JASRAC 出 1704798-701
ISBN978-4-406-06140-7 C0036　Printed in Japan